全国小学生校园美文精品集萃丛书

划过笔尖的梦想

《语文报》编写组 编

时代文艺出版社

图书在版编目（CIP）数据

划过笔尖的梦想/《语文报》编写组编. 一长春：时代文艺出版社，2018.8（2023.6重印）

（"七色阳光小少年"全国小学生校园美文精品集萃丛书）

ISBN 978-7-5387-5861-0

Ⅰ.①划… Ⅱ.①语… Ⅲ.①作文－小学－选集 Ⅳ.①H194.4

中国版本图书馆CIP数据核字（2018）第114665号

出 品 人　陈　琛

产品总监　郭力家

责任编辑　刘　兮

装帧设计　孙　利

排版制作　隋淑凤

划过笔尖的梦想

《语文报》编写组 编

出版发行/时代文艺出版社

地址/长春市福祉大路5788号　龙腾国际大厦A座15层　邮编/130118

总编办/0431-81629751　发行部/0431-81629758

官方微博/weibo.com/tlapress

印刷/北京一鑫印务有限责任公司

开本/700mm×980mm　1/16　字数/153千字　印张/11

版次/2018年8月第1版　印次/2023年6月第5次印刷　定价/34.80元

编　委　会

主　　编：刘应伦

编　　委：刘应伦　赵　静　李音霞
　　　　　郭　斐　刘瑞霞　王素红
　　　　　金星闪　周　起　华晓隽
　　　　　何发祥　朱晓东　陈　颖
　　　　　段岩霞　刘学强

本册主编：陈轶东　何　伟　陈宇轩

目 录

美丽的种子会开花

孤独

003

我找回了春天

有这样一种声音

吓我一跳的惊喜

　　我打开其中的一个盒子，是一个小房子，好像里面有东西。我怀着一股强烈的好奇心拉开了那个门。突然，一只小老鼠蹿了出来，嘴巴正好碰到我的手，而且还软乎乎的，吓得我"啊"的一声把小房子扔到了沙发上。

爸爸戒烟了

李锦兰

　　我爸爸哪方面都挺好的，就是爱抽烟。他个子不高，微微发胖的脸上长着一口黑黑的牙齿，右手的手指被烟熏得焦黄，一身烟味。为了帮爸爸戒烟，我和妈妈用过许多办法，都不管用。墙壁上也贴满了"不要吸烟"这类的标语，但爸爸还是不以为然地摇摇头说："我抽它十几年了，它已经成为我生命的一部分了，改不了。"

　　中午吃完饭，爸爸嘴里还嚼着饭，就一屁股坐到沙发上，跷起二郎腿，从烟盒里拿出一支烟来，叼在嘴里，掏出打火机，"叭"地一下点燃香烟，深深地猛吸一口，然后悠闲地吐出来，开始制造吞云吐雾的"灾难"。妈妈绷着脸，生气地对他说："不准抽烟！小心得肺癌！"可爸爸呢，他倒好，嬉皮笑脸地边抽边说："饭后一支烟，赛过活神仙！不抽烟不见得不得肺癌啊！"妈妈见说是行不通了，便使出了绝招，索性把爸爸的烟全没收了，并让我把烟锁起来。爸爸见势不妙，忙向我求情。可我就是不给他面子，说："不给就不给，求情也没用！"不一会儿，爸爸又过来悄悄地对我说："给点儿面子吧！以后你要什么，爸就给你买什么。"我听了，心动了一下，但为了让爸爸戒烟，我还是一口咬定不答应。爸爸见这招儿不灵了，只好闷闷不乐地坐在沙发上看书。过了一会儿，他站起来说："我去买张报纸。"说完，他便走了。过了十几分钟，爸爸拿着报纸回来了。可让人没想到的是嘴里竟然又叼上了烟卷！我跑过去，把他的烟给抢下来，丢在地上，又同妈妈并肩战斗，没收了他买的那包香烟。我说："爸爸，我求您了，别抽烟了。烟里的尼古丁，能毒死一头牛哇！""那是牛，又不是人！我怕什么！"唉，爸爸真是顽固透顶，烟性难改！

不行，我还得想其他的招儿。突然，我灵机一动，计上心来，想出了一个锦囊妙计，我决定采取温柔的攻心战术。我走到爸爸身边说："爸爸，如果一个孩子失去爸爸，你觉得可怜吗？"爸爸一怔，说："当然可怜了！这个孩子真不幸！"爸爸上当了，我乘胜追击，诱"敌"深入，又说："那如果一个妻子失去了丈夫，你觉得可悲吗？"爸爸又一怔，眉头紧锁了起来，他静静地看着我，说："孩子，我知道你要说什么了，为了你们俩，为了我们家的幸福生活，我决定戒烟了！"我一听，高兴得一蹦三尺高，我跑过去，紧紧地搂住爸爸的脖子，喜出望外地问："爸，这是真的吗？"爸爸坚定地说："君子一言，驷马难追！我接受你们的监督！"妈妈的脸上笑开了花，赞不绝口地说："我们家出了个销烟英雄林则徐了……"

003

爸爸的谎言

宋宝莉

谎言人人都不爱听，而我的爸爸的谎言却让我佩服。

吓我一跳的惊喜

　　妈妈和奶奶总是不和，每次奶奶吃饭都要吃很多菜，妈妈总是说："吃那么多菜，小心长胖！"奶奶虽然老了，但很爱美，她的确怕胖。但为了和妈妈赌气，却冒着长胖的危险，故意吃很多的菜，想气气妈妈。爸爸却笑着说："您儿媳是用激将法让您老多吃点儿，增加营养啊！"

　　妈妈也不甘示弱，叫爸爸给奶奶捶背，又笑着对奶奶说："我叫您儿子给您捶背，是孝敬您老人家，不过，可得小心捶伤了背啊！"刚说完，奶奶就气得一瞪眼，上楼去了。爸爸忙赶上楼去安慰奶奶说："您老大人不记小人过，其实啊，您儿媳倒是真的很关心您的，她常让我替您捶背，您不是常腰酸背疼吗？"奶奶这才消了气。

　　妈妈热情好客，平常喜欢买很多菜，带几个好朋友到家里来打牌聊天，请她们吃饭。有一次一个朋友来不了，三缺一，妈妈很遗憾。奶奶讥讽说："你是不是太自作多情了，你的朋友好像并不领情哦！"妈妈气得哭了，爸爸赶紧说："哈哈，开个玩笑嘛，别在意啊！"

　　有一次，爸爸去南京回来，给妈妈买了一件华丽的大衣，特别漂亮，给奶奶买了一条也很漂亮的围巾。妈妈问爸爸："我的大衣有没有那条围巾贵？"爸爸神秘地说："当然有了，那条围巾很便宜的。"当爸爸把围巾给奶奶时，奶奶问爸爸："我的围巾有没有大衣贵？"爸爸也笑着说："当然有啦，那件大衣很便宜的，哪里比得上您的围巾呢！"其实两件东西的价钱都很贵。而爸爸却说了谎，避免"战争"的发生。

　　爸爸很爱他的妻子，也很爱他的母亲。虽然他为了两人能够和睦相处付出了许多，也总是无法真正化解她们的矛盾。但我们家的"战争"，却总能在爸爸的谎言中烟消云散。爸爸的谎言真是让我佩服。

吓我一跳的惊喜

贾相洪

老爸去济南了。

晚上，一家人正围着餐桌吃饭，爸爸打来了电话，说他已经回来了，正在外面和朋友吃饭。我一听很是不快——怎么朋友那么重要？正要放下电话，爸爸却嚷了起来："注意啊，我给你带回来了一些惊喜。"惊喜？"都有什么呀？"我脱口而出。

"有吃的，有玩的，还有吓你一跳的。"爸爸一边说一边挂了电话。

放下电话之后，妈妈问我爸爸找我什么事，我一脸得意地说："爸爸给我带回来了一些惊喜，有吃的，有玩的，还有吓你一跳的。"我说完后，妈妈立马故意噘着嘴说："哎呀，我都快嫉妒死你了！凭什么你爸对你那么好呀，每次出去都给你捎那么多东西，从来也没给我捎过，不公平！"说这话的时候，妈妈的样子就像是一个小孩子在撒娇，脸上一副抱怨的表情，好玩极了。

我依然在脸上挂着一副得意，对妈妈说："谁让你不姓'楚'，而是姓'土'呢？"妈妈便在那里继续喊："不公平，不公平！"

晚饭结束后，门铃响了，我知道是爸爸回来了，便一个箭步冲上去开门。

门开了，只见爸爸脸上带着笑容，提着大包小包站在门口。我一下子抢过那几个包放在桌子上，一个个地翻看起来。

先看一下玩的——打开方便袋，一股木头的气味扑鼻而来。

原来里面装的都是木制品。一个是木头做的小花轿，很精致，窗帘是红色的，而且还有绣花。掀开小竹帘，里面的空间足够装一个芭比娃娃。还有一个独轮车，特别仿真。我在那两个筐里放上同样重的东西，推了推，挺好玩的。继续看别的东西，发现有两个小盒子，我打开其中的一个，是一个小房子，好像里面有东西。我怀着一股强烈的好奇心拉开了那个门。突然，一只小老鼠蹿了出来，嘴巴正好碰到我的手，而且还软乎乎的，吓得我"啊"的一声把小房子扔到了沙发上，而爸爸则在一旁哈哈大笑。等我回过神以后，才知道那是只假老鼠。我又让妈妈来看，结果她吓得一下子蹦到了沙发上，脸色苍白地说："哎呀，吓死宝宝了！"我和爸爸在一旁已经笑得直不起腰了。

这可是一堆吓了我一跳的惊喜。

006

深刻的教训

—— "安全记我心"故事新编

班周盈

秋天来了，真是个旅游的好日子。小猴子一家决定去郊外果园旅游。

小猴子一家走啊走，走啊走，终于来到了果园。很快，他们就找到了一个搭帐篷的地方——果园旁边的空地。他们走了一天，累得满头大汗、气喘吁吁，肚子饿得都咕咕叫了。猴爸爸出了一个主意，说："不如让我和妈妈去果园里采果子吧？""可以，我同意！"猴妈妈说道。"不行不行。"小猴子焦急地说，"我也要去嘛！""不行，儿子，你在这儿看着爸爸妈妈的行李。不要到处乱跑。等着爸爸妈妈采果子回来，知道吗？"不管小猴子怎样说，猴妈妈还是不让小猴子去。小猴子只好傻呆呆地坐着。突然，小猴子想出了一个好办法：我自己偷偷去摘不就行了吗？我可是爬树高手呀！于是，小猴子拿起行李，不管三七二十一，直奔果园。

　　果园可真大呀！小猴子迫不及待地爬上了一棵桃树，看到这么多又大又红的桃子，小猴子心里头可高兴了。就在这时候，小猴子的肚子又咕咕叫了。小猴子实在太饿了，所以一连吃了两个桃子。可是，当他要摘第三个桃子吃时，小猴子晕倒了。

　　过了一会儿，猴爸爸、猴妈妈回来了，发现小猴子不见了，大吃一惊，立刻大声喊："儿子，你在哪儿？"他们的声音久久地回荡在整个果园。后来，猴爸爸、猴妈妈终于在果园里找到了已经昏迷不醒的小猴子，火速把小猴子送到医院急救。

　　经过医生们的及时抢救，小猴子慢慢地醒过来。医生告诉小猴子："农民伯伯为了使果园里的水果不被害虫咬，会给果树喷洒农药，所以水果的表皮上都会残留一些农药。我们千万要记住：水果一定要削皮才能吃。不然的话，很容易引起中毒。"小猴了听了医生的话，点了点头，说："经过这件事，我以后再也不乱吃水果了。我还会告诉周围的朋友，让他们也要记住这个深刻的教训。"

鳄鱼做广告

方靓云

　　鳄鱼先生做了一个电视广告。广告主要内容不是推荐什么产品，推销什么货物，而是讲鳄鱼先生愿与天下动物交朋友。

　　广告以生动的画面介绍了鳄鱼先生的温柔与善良。

　　一只尖嘴的小鸟飞了过来，先落在鳄鱼先生的背上，继而又跳进鳄鱼先生的嘴里，在鳄鱼先生尖牙利齿边蹦蹦跳跳，拨拨啄啄。鳄鱼先生半闭着眼睛，那么安详，没有半点儿嫌弃和厌烦。

　　鳄鱼先生饿了，它没有再去吃什么动物和植物，而是爬到河滩上，吃了几块石头。即使吃着石头，他的眼里也流出了几滴"伤心"的泪水。

　　鳄鱼先生的广告做得很成功。好多对鳄鱼先生有偏见的都改变了看法，它们说："电视上都播了，能错吗？过去是道听途说，现在是眼见为实呀！"

　　一些坚持对鳄鱼先生有意见的竟遭到了围攻，更有一批青年动物上鳄鱼先生家拜访……可是人们慢慢发现，凡是去鳄鱼家拜访的动物大都没有了踪影。

　　不久，鳄鱼先生的伎俩被揭穿，人们这才知道：那只在鳄鱼先生嘴里蹦蹦跳跳的小鸟叫牙签鸟，是专靠吃鳄鱼先生嘴里的残渣生活的，可以说是鳄鱼先生的奴仆，鳄鱼先生靠牙签鸟清洁口腔，所以才对它那么宽厚；鳄鱼先生吃石头是为了消化胃里的食物；而它吃东西时流眼泪，是它流汗的方式。

鳄鱼先生做广告的真正目的，是为了捕杀更多的动物。由此我们想到：社会现代化了，骗术也会愈加高超，一旦不小心被骗，损失无法估量。所以，朋友们，请睁大你的眼睛辨别吧！

家有乌龟

宗阳春

我家养了一只可爱的小乌龟，它身披暗黄色的铠甲，整个身体呈椭圆形。刚买回来时，它非常胆小，两只绿豆般的小眼睛东张西望，不时向周围投以警惕的目光，四周一有风吹草动它就迅速将头和四肢缩进龟壳里，直到确定没有危险后，它才慢吞吞地探出头来。

别看乌龟胆小，它却不是素食主义者，它除了鱼肉，其他食物一概"敬而远之"。现在我就来讲讲家有乌龟的趣事吧！

有一次，我把一只活蹦乱跳的罗氏沼虾放进龟盆里，乍一看，乌龟不动声色，龟虾相安无事。但当我躲到几米开外时，乌龟趁虾不备，上前狠狠咬了一口，大虾也不甘示弱，用两个强有力的大钳猛烈进攻。可乌龟似乎早有防备，只见它在大虾出钳的一瞬间，迅速缩起身子，躲进它那无坚不摧的铠甲内逃过了一劫。之后乌龟又狠狠地反咬一口，击破了大虾的防护。还没等大虾做出反应，白花花的虾肉就暴露在水中。紧接着，乌龟又以迅雷不及掩耳之势，对着大虾又是一口，结束了大虾年轻的生命。大获全胜的乌龟在一旁狼吞虎咽，大吃大喝，心满意足地享受着战利品。

　　还有一天，我到阳台给乌龟喂食时，发现乌龟盆里空空荡荡，乌龟早已跳出"牢狱"不知去向。于是，我对全家进行了地毯式搜查，可还是一无所获。就在我失落之时，突然听见我们家客厅的钢琴后面有动静，探头一瞧，原来正是失踪的乌龟。我费了九牛二虎之力用拖把把调皮的乌龟缉拿归案。为防止乌龟再次"越狱"造成不必要的麻烦，我换了一个更深的大盆。此后，乌龟也经常不安分地想要"越狱"，可它看着高高的、光滑的盆也只有望壁兴叹了。不过，我也经常关上阳台的门，把它放出来活动活动，毕竟是文明社会了，提倡人与动物和谐相处嘛！

　　其实，在家里养只乌龟并非难事，只要经常喂喂食、换换水就行了。我们家这只乌龟是只巴西龟，寿命可达百岁左右，乃长寿龟也。而且在民间，乌龟是大吉大利的象征。

　　家有乌龟，欢乐多多！家有乌龟，其乐无穷！

巨蜥讲自己的故事

杨文寰

　　大家好，我叫克林德，我们可是科摩多岛上最有名的动物。下面请听听我们的故事吧！

早上，我从洞中爬出来，发现了一只大水牛，便以闪电般的速度扑上去，可惜只咬下了它背上的皮，水牛跑了。不过不用担心我会挨饿，前几天我和一个同伴饱食了一只山羊，这些天我还可以吃烂鱼和腐烂的动物。腐食可是我们最喜欢的。

几天后，我吐了吐舌头，嗅到了四公里外有水牛，它身上残留着我的气味。我找到那里捕获了它，这时另一只巨蜥也过来想一同品尝，我同意了。旁边几只野狗贪婪地伸着舌头，我们吃完后留给狗儿们一堆白骨和一摊血。我们愿意与同伴分享食物，但那是有规矩的。首先是体型最大的女士优先，顺从者或亲朋好友其次，陌生的食客一般情况下是被安排在最后就餐。

又过了几天，我又遇到了那只与我一起品尝水牛的雌巨蜥克德林，当时她正和另一只巨蜥在一起。不知是不是因为"一饭之恩"，克德林突然张嘴咬住那只巨蜥，和我共同打败了它。我想，这可是少有的事。这样，我和克德林交配了。不久，我的宝贝应该要出世了，我嗅了嗅气味，就知道克德林把蛋放在哪儿了。我毫不费力地找到了那里，只见克德林正在吃我们的宝宝，我也上前吃了两只。

不要说我们太残忍，好多动物都用这方法控制自己的同类，对于科摩多岛上的王者——科摩多巨蜥——我们也不例外。现在，科摩多岛上我们的同类只有二百多只。物以稀为贵嘛，所以，我们成了最珍贵的动物之一。怎么样？对我们巨蜥有兴趣吗？若想亲眼看看我们的尊容，请到科摩多岛国家公园来吧！这里可是印尼著名的旅游景点啊！欢迎各位光临！

011

聪明的小家伙

缪青海

"南阳诸葛亮，稳坐军中帐。摆下八卦阵，单捉飞来将。"妈妈曾给我出过这样一则谜语。一天晚上，我正在家吃晚饭。忽然有一只飞蛾在我的旁边飞来飞去，我真怕它掉到我的碗里，立马端着碗走开了。飞蛾横冲直撞，一不小心粘到了一张蜘蛛网上。哈哈，这下可有好戏看了。

飞蛾使劲地扇动着翅膀，蜘蛛网也跟着晃动起来。一只蜘蛛沿着一根细丝爬到离飞蛾不远的地方。这时飞蛾大概累了，停止挣扎。蜘蛛也跟着不动了，好像在等待什么。它怎么不吃飞蛾呢？我有点儿着急。妈妈说："蜘蛛是靠网的颤动产生感觉的，它只吃活的东西。"不一会儿，飞蛾继续开始扇动翅膀，蜘蛛网又剧烈地晃动起来，蜘蛛也飞快地爬到了飞蛾身边。只见蜘蛛的背一动一动的，不一会儿，网上只剩下一个完整的飞蛾的空壳。

看着挂在蜘蛛网上的空壳，我想：蜘蛛究竟是怎样吃掉飞蛾的呢？于是我又请爸爸上网帮我查资料。原来当昆虫触网时，会用力在网上挣扎，蜘蛛便顺着纵向丝向猎物爬去，用蛛丝包裹猎物，固定于网上。蜘蛛先用螯肢内的毒腺分泌毒液注入猎物的体内，将其杀死；再由中肠分泌的消化酶灌注在被螯肢撕碎的猎物的组织中，将其快速分解为液汁，吸进消化道内；最后，剩下的躯壳被完整地留在蛛网上。

哦，蜘蛛真是个聪明的小家伙。

快乐的大课间

杜陆慧

"丁零零……"熟悉而欢快的铃声又传入了我们的耳中。哇！终于盼到了，快乐的大课间来临了。

瞧啊，所有的教室门都开了，所有的门里都冲出了人。嚷着，笑着，跳着，蹦着，同学们犹如一只只出笼的小鸟，欢呼雀跃着涌了出来，冲向向往已久的操场。

来到操场，所有的人都变了。文静的变成了活泼的，活泼的变成多动的。所有的同学可谓是使出了浑身解数在各显神通，有的转呼啦圈，有的打篮球，有的抖空竹，有的踢毽子，有的在小跑，还有的在翻跟头呢……同学们尽情地感受着大课间的快乐。

突然，"呼"的一声，一只玩具飞碟从我的身边滑过，惊得我一身冷汗。我是惊呼未定，那边却笑声一片。原来是施太龙和郁舒雷在搞的鬼呀！真是气不打一处来，得好好"教训"他们一下。可一瞧，飞碟在他们手上一会儿跳"圈圈舞"，一会儿走波浪路，一会儿……真厉害！他们玩得可带劲了，真让我目瞪口呆，心中的那点儿"气"早被吹到九霄云外去了！

"来，胡羽恒，我们来比比排球吧！"我也不甘寂寞，向同伴发出了邀请。"接着！""好球！""再来！"……我们也为大课间添上了精彩的一笔。"哇！哎呀！"原来胡羽恒给了我一个快球，我去接，谁知脚下一滑摔了个嘴啃泥，狼狈极了。我滑稽的样子，惹得同学们放声大笑。

"丁零零……"上课铃响了，意犹未尽的我们只能往教室走去。大课间活动像美丽的昙花，虽然短暂，却让我们久久回味着，喜欢着，快乐着。

欢迎你到双语来

吕相言

014

在我的家乡滨海县城西侧，有这样一所创办不久的民办学校，面积不大，名声不响，但布局合理，典雅精致，处处彰显着浓烈的人文气息。这便是我们的学校——江苏省滨海中学附属双语小学。

你可别因为它是民办学校就小瞧它，它虽不出名，但自有它的闻名之处呢！不信，请随我的视线走进校园吧！

穿过马路，就到了我们的校园。穿过高高的大门楼，首先映入眼帘的是主干道两旁的二十多个橱窗，那里不仅陈列着同学们的绘画、书法、手工等作品，还展示着学校优秀师生的照片。路的尽头就是学校的教学楼，两幢教学楼之间有一个人工湖，湖水清澈见底，湖边翠竹环绕。湖心有一个凉亭，宛如展翅欲飞的苍鹰。每到夏天，碧绿的荷叶像侍者一样簇拥着盛开的荷花，满池荷花，满园清香，引来了无数的蝴蝶翩翩起舞。湖边还有一座假山，假山上芳草萋萋，野花点点，那是我们课间休息的乐园。

走进校园，除了怡人的浓绿，便是浓浓的亲情。无论你走到哪里，都能听到学生礼貌的问候，总能看到学生快乐的笑容。每天晨读，老师和学生一齐诵读中华经典，了解中华民族灿烂的文化，积累大量的成语、对联和古诗文，同学们个个能出口成章。每到周六，琴棋书画、听说读写、跑跳踢掷等兴趣小组的活动，更使这里充满着蓬勃生机。

双语，迷人的花园，求知的校园，成长的乐园！

欢迎你到双语来！

校园的橘树

曹 颖

我们校园的厕所旁边有一棵橘树，这是学校里唯一一棵果树。它长得很茂盛，一年四季，叶子总是绿油油的。

秋天来了，橘树上挂满了橘子。橘子由青渐渐地变黄，树枝已经被压弯了。一阵阵风吹来，树枝吃力地摆动着，我们真担心枝丫会折断了。但橘树似乎是使出全身的力量支撑着。一个个可爱的橘子，就像淘气的娃娃，紧紧地抱着妈妈的手。时间一天天过去，橘树依然稳稳地立在那儿，成为厕所旁边一道迷人的风景。

每天，老师和同学们从橘树的旁边经过，都会禁不住抬头望一望，欣赏一下果实累累的橘树。有时也会忍不住地道上一声："多好的橘子呀！"瞧，低年级的小朋友们还真有趣，他们居然站在树下，"一、二、三……"认真地数起来呢！不知他们是在练习数数，还是想当一名橘树的守护者呢？

现在已经到了深秋，橘树上还是挂满黄澄澄、红亮亮的橘子。

课间，靠着窗户，望着窗外那棵离教室不远的橘树，我不禁会想：我们学校这么多的学生中，有不懂事的娃娃，也有调皮的孩子，更有一些馋嘴的学生，但谁也没有去破坏学校这棵橘树，谁也没有顺手去摘一个。

是啊！那满树金黄色的橘子，不就是孩子们一颗颗金子般的心吗？

016

秋游瘦西湖

管怡童

瘦西湖的美，不仅仅美在春光里的三步一桃、五步一柳，在这深秋，"两堤花柳全依水，一路楼台直到山"的景象依然毫不逊色。今年秋游我们就来到了瘦西湖。

这一天，大雾锁扬城。一大早，我们就步行来到了瘦西湖。湖面上雾蒙蒙的，犹如铺上了一层薄薄的、轻柔的纱，宛如仙境，让这瘦西湖更有了诗一般的感觉。今年的秋天不太冷，柳树现在还是绿的，但不像春天的柳树是嫩绿的，有点儿泛黄，还有一点儿灰暗。柳条长长的，细细的，轻柔地抚着水面，抚摸着游人的面庞，在这深秋的风里，显得格外美丽多姿、妩媚动人。我们乘着游船，一路看楼廊、鱼池和假山，花木错落有致，布局恰到好处。而岸上森森修竹，入云高桐，随秋风萧萧，竹叶轻唱，白鸽翔飞，鸦雀喳喳，别有一番情趣。两岸花开得正浓，满眼的菊花，沿堤一路延伸开去，高贵的金黄色，浪漫的淡紫色，纯洁的白色……像萝卜丝，像小姑娘弯卷的秀发，无不呈现出秋天独特的烂漫与华贵。一丛丛、一撮撮的一串红，在万绿丛中点缀出来，格外显眼。在船上隐隐约约还能看到远处的白塔，在薄雾的笼罩下，不仅威武、雄伟，还有一点儿诗意呢。不觉想起那首诗："垂杨不断接残芜，雁齿虹桥俨画图。"

下了船，我们来到了游乐园，在那里我们玩了高架车、弯月飞车、碰碰车和大浪淘沙。随后我们在游乐园里休息、玩耍，在那里，到处都是我们开心的笑声和悦耳的歌声。我们坐在草地上，一边呼吸着野外清新的空气，一边谈笑风生，欣赏着美丽的景色，心情格外舒畅。这是我们小学阶段最后一次秋游了，大家都格外珍惜，就连平时十分严厉的老师，都变得像孩子一样，和我们一起追逐，尽情玩乐。同学们都拿着照相机"咔嚓、咔嚓"地记录这难忘的欢乐。

瘦西湖不仅景色优美，具有独特的韵味，而且见证了我和同学们这六年的友谊，也留下了许多美好而又温馨的时刻，我爱瘦西湖，我为她而骄傲！

雨中美景

李天奇

夏天悄悄地走了，秋天也不知不觉地来了。夜里，第一场秋雨下起来了，淅淅沥沥、绵延不绝，一直下到今天早上……

老师带着我们观赏小花园，让我们领略了一番雨中的美丽景色。

秋雨好美呀！刚出门，就看见一些轻飘飘的"丝线"向我们飞来，这些"丝线"落到了地上，溅起了美丽别致的小水花，乍一看，有些像鱼儿们在水中吐出的泡泡，升到水面，荡起水波。向远处眺去，大楼、高塔都穿着朦朦胧胧的白纱衣，还有一点儿神秘色彩……

终于来到了小花园，我们呼吸着这雨中独有的清新空气，感受着雨丝落在身上的感觉……突然，有个同学叫："快来看呀！"我被叫醒了，赶忙跑了过去。啊！这些小草是这么美丽！一丛丛的小草上边滚动着晶莹美丽的"小珍珠"，不知是未被晒干的露珠，还是那些"丝线"的杰作，不管怎样，这些晶莹的"小珍珠"都为小草增色不少。

这时，我眼前一亮，发现一株高大的"圣诞树"，树枝似乎被雪染白了。靠近一看，原来也是雨的杰作，这棵松树的松针上挂满了"珍珠"，乍一看，这些松针似乎在闪闪发光，煞是好看。

我和同学们继续往小花园深处走，突然，"哗"一声，我被水浇了一头。一看，原来是同学的恶作剧，他趁我走过树下，把树一摇，树叶上的"珍珠"就全落我的身上了。我也摇了一下，哇！太好看了！这些"珍珠"落下来的时候也誓不分离，团成一个个透明的小球，像一盘子珍珠被倒了出来，比那"丝线"可好看多了。我正欣赏着"珍珠雨"，不料又被那个同学用"珍珠雨"洗了个澡。

我去追那个同学，追着追着，又有一滴水滴到了我的头上，我抬头一看，看到了一棵特别漂亮的松树。这棵松树长得很美丽，又有些奇怪，它不算太高，而枝干的样子特别像一只手，从远处一看，就像在伸着无数只手向我们打招呼。而这棵松树上面的"珍珠"就更多了，不到一厘米的松针上挂满了大大小小的"珍珠"，似乎这棵松树已经成了银色的了。这成了小花园中一道独特的风景。

要回去了，几个同学迷上了蜗牛。这时，蜗牛也出来呼吸新鲜空气了，这些好奇的同学趁机捉了好几只蜗牛，放在手上，细细观察。

啊，这场秋雨来得可真好啊，它带来了无尽的凉爽，现出了雨中美丽的景色……

又是一道亮丽的风景

王易天

清晨，一轮红日从东方升起，金灿灿的阳光透过树枝星星点点地洒在林间小道上，鸟儿叽叽喳喳地叫着，让人感到亲切与舒服。我背着书包一蹦一跳地往前走。

吓我一跳的惊喜

这时，我的目光转向了一个弯曲的身影，她手握扫帚，扫一下，退一下。

我一边走着，思绪却被她带走了。就是她，不论一年四季，不论刮风下雨，她为了街道的整洁，每天都在无私地奉献，给这美丽的县城又增添了一道亮丽的风景。

前面走来一个高高的年轻人，他白皙的脸，头发有些卷，穿着一件黑色T恤，脚蹬一双洁白的新球鞋，看上去十分帅气。他一边晨跑，一边用MP3听着英语。

她也向那边走去，年轻人从她身边走过，用傲慢的眼神瞅了她一眼。

不知是她扫帚抬得高了点儿，还是那些灰土故意戏弄人，落在了那年轻人洁白的鞋上。"哎，对不起，我……""你不长眼的？给我掸了！"他那蛮不讲理的态度激怒了旁边几个练拳的老人。老人们来找他评理，却被她拦住了。

她毫不犹豫地从口袋里掏出白手帕，蹲下身子。就在擦鞋的那一刻，年轻人的脸忽然变红了，不好意思地说："大婶，我错了，你骂我吧。"她却说："孩子，我为什么要骂你呢？你知道错就够了。"旁边的人群中发出了阵阵赞叹。

啊，她用自己的手，美化了街道；她用自己的心，感化了一个人。

她为我们创造了一道亮丽的风景。

和小鸡嬉戏

吕先靓

今天，周泽谊约我、梁晓娜、沈静聪等同学到她家去玩。

约好的是下午2点半，可刚到2点，我就迫不及待地来到周泽谊家楼下。突然，我看见梁晓娜在草坪上追赶一只小鸡。那小鸡，小小的头，嵌着两颗黑珍珠似的眼睛，显得调皮可爱。粉红色的尖尖嘴一啄一啄的。细细长长的脖子托着脑袋来回转动，似乎对这个世界充满了好奇。黄中带棕的羽毛并不漂亮，但也没有减少我对它的喜爱。竹叶似的爪子虽然不大，却支撑着整个身体，跑起来一摇一摆，更加显出了它的可爱。

021

梁晓娜看到了我，向我打招呼："嘿，吕先靓，周泽谊到家里去拿鸡饲料了。"啊哈，原来这是周泽谊养的小鸡呀，我可要好好玩玩这个小家伙了。

我正想着，周泽谊拿着一小盒鸡饲料下来了，她蹲下身子，弯着腰，往手里倒了一点儿鸡食，用另一只手拍打着地面，招呼小鸡过来吃。小鸡看到自己心爱的食物，急急忙忙迈着"小碎步"跑过来，埋头吃起来。只见它一啄一个准儿，鸡食很快就被消灭了一大半。还有几颗因夹在了周泽谊的手指缝里，小鸡做出了让我佩服得五体投地的动作——刨。它伸出两只爪子，轮流刨着周泽谊的手。鸡食被刨到了地上，小鸡从容地把剩余的鸡食吃个精光后，又跑开了。

　　我的心也痒痒了，想试一试，可又怕疼。周泽谊好像看穿了我的心思："一点儿也不疼，痒痒的，很舒服呢！"我将信将疑地拿了一些鸡食放在手中，小鸡一看到，又跑回来吃上了。我痒得不行，便把手抽开了。小鸡一边可怜地摇头摆尾，一边"叽叽叽"地叫，似乎在乞求我："大姐姐，求求你，把这个给我吧，对我来说，那真是相当香啊！"我又伸出手，喂小鸡吃。"太棒了，鸡食夹进手指缝里喽！"可是，并没有出现我想象的情景，小鸡反而一口咬住了我的手指！我触电般地跳了起来，惊叫着说："这小东西咬我，还挺疼！"梁晓娜和周泽谊看到我那副惊慌失措的样子，幸灾乐祸地哈哈大笑。

　　梁晓娜想起了什么，神秘地对我说："想不想看小鸡上楼梯啊？"我连忙点头说："想。"周泽谊在楼梯口引小鸡，梁晓娜在它身后驱赶。很快，小鸡便到了第一级楼梯下。我想，一级楼梯就是它的一大半身高啊，它怎么上去呢？这时，小鸡一跳，便轻松地跳了上去，第二级，第三级……可小鸡一个转身，钻进了楼梯的铁栅栏扶手里。我尖叫起来："啊，小鸡不会要自杀吧？这儿可有两米高啊！"还好，小鸡又转了个身，一级一级跳上去了。我悬着的心总算放了下来。

　　一会儿，同学们陆续来了，看到了小鸡，争着要给它喂食。周泽谊说："再这样下去，小鸡会撑死的，它可不知道饱不饱。"我也在旁边故作严肃地附和道："是啊，可怜的小鸡到撑死时也不知道，自己是因爱而死的。"

　　一个下午很快就过去了，妈妈来接我回家。我依依不舍地告别了同学，当然，也告别了小鸡。

快乐使者

张梦蝶

　　我的哥哥是一名很普通的邮递员，每天骑着电动自行车，走村串户，给人们送信送报，有人称他是"快乐使者"。

　　哥哥非常喜欢他的工作，每天都是快快乐乐的。可我就看不出当邮递员有什么好。你们瞧瞧他，白天一身土，雨天一身泥，每天起早贪黑，有时连饭都吃不好，真不明白他为什么每天还是那么乐呵呵的。

　　有一天，我禁不住问他："喂，快乐使者，当邮递员真有那么快乐吗？""那当然了，小妹，你看，我们每天都能收到来自四面八方的信件，那里面有亲人的问候，有朋友的交流，每一封都蕴含着希望，寄托着福音。我们送的书报，能使人们及时了解国家大事，增长各种知识。你说我们的工作不重要吗？我们的工作没有意义吗？"听了哥哥的话，我觉得好像有些道理。"那这与快乐有什么关系啊？"哥哥微笑着说："在给别人带来快乐的同时，自己不也是快乐的吗？""哥，我知道你喜欢自己的工作，我只是怕你太劳累。你送信的时候，就不能偷点儿懒吗？有时只有几封信，你也要跑好几个村子，走十几里路。信少的时候，你可以积攒几天再去送嘛，反正又没人知道。""那可不行，那会给人误事的。""哼，真是死心眼儿。""你不懂的。"哥哥也有些生气了。

就这样，哥哥还是每天早出晚归给人送信送报，还是一副像是中了奖的样子。高考过后，哥哥常常会给那些盼信的大哥哥大姐姐们带来好消息，看到他们收到大学录取通知书时惊喜的样子，哥哥也笑逐颜开，快乐无比。"谢谢，快乐使者！"这是哥哥最愿意听到的话。

有一段时间，我们班的许多同学，都在报刊上发表了自己写的作文，我非常羡慕，所以也悄悄地写了一篇，让哥哥帮我投寄出去。盼星星，盼月亮，更盼哥哥的一句话。一天傍晚，哥哥回来了，"小妹，你的信。""我的信！"我急忙打开信一看，原来是我的作文在报刊上发表了。我高兴地蹦了起来，给哥哥来了一个大大的拥抱。"我真是太高兴了，哥哥，你真是快乐使者！不！你们邮递员都是快乐使者，能给千家万户带来快乐的快乐使者……"

看着我有些疯狂的样子，"快乐使者"笑得比以前更灿烂了。

024

幽默先生

李天舒

我要说的幽默先生是我们的班主任谢老师。在他的课堂上总能听到一阵阵笑声，因为他的课，我在不知不觉中增长了见识，同学们都很喜欢他。我明里叫他谢老师，暗里却叫他弥勒佛先生，因为他每天都乐呵呵的，总有说不完的乐事，我可喜欢他了。

今天，老师抽查念作文，不料抽到了吕明杰。只见吕明杰扭扭捏捏地站起来，精挑细选了一会儿才开始读："一节有意思的课……"刚读几句，便脸一红，说什么也不往下读了。这时，谢老师风趣地说："吕经理，还需要我给你请位秘书吗？"接着又说："来来来，吕先生，我给你当秘书。"吕明杰的脸更红了，极不情愿地挪开了步子，慢腾腾地走到老师跟前。老师接过本子，翻了一下，露出了笑容，便大声读了起来。读完后，老师浅浅地一笑，对他幽默地说："谢谢你。"又转身对大家说："今天我很乐意给吕先生当秘书，因为他写出了这么好的文章。我更乐意为所有的同学做秘书，只要大家都能写好文章。"逗得大家捧腹大笑。我知道，谢老师的幽默是对吕明杰的表扬与鼓励。

一天下午，我们在认真听课，忽然谢老师停了下来，我知道又要发生什么事了。只见谢老师眼睛瞥了一下，幽默地说："崔毅同学正在给钢笔动手术。我想崔毅长大后肯定能当一位优秀的外科医生。"崔毅的脸一下子红了，像一位害羞的小姑娘。而我们笑得肚子都痛了。我知道这样的幽默是对崔毅的批评，但这也是我们能够接受得了的批评。

看，这就是我们的幽默先生，他总是笑呵呵的，你们认识他了吗？

太 阳 花

莫中美

太阳花与别的花不同的地方是它的茎和花。太阳花的茎是浅红色的，花是朱红的。它的花不但好看，而且开得很多，但一朵花只能开一天。太阳花喜欢阳光灿烂的天气，每当太阳高照时，它的花便能开三四十朵，遇上阴雨天，它们都把一片片花瓣合拢起来，是一个个含苞待放的花蕾。我想这就是它为什么叫太阳花的原因吧！

太阳花的叶子是橄榄形的，但两头不是尖的，有点儿像大米形状，远远看去就像一条条小毛虫在昂头寻食。叶上有许多细小的孔，里面储存了不少水分，捏一下，便会润湿了手指。

太阳花谢了以后，结出一个个红色的小包。等到小包渐渐变成咖啡色了，这时就可以把小包摘下来，剥开外壳，里面就是一排排种子。

太阳花还有一个特点，就是很容易活。记得刚采到它的时候，它又短又细。我在沙子里埋了两天，它居然活了下来，而且长得很好。还有一次，夜里刮大风，把太阳花的一根枝给刮断了。妈妈把断枝又插进土里，不料它很快就长出了新根——花又活了。

太阳花虽然娇小，每一朵花的生命力都很短暂，但整株花却有着非常顽强的生命力。所以，我要为太阳花喝彩！

划过笔尖的梦想

郑寒月

列夫·托尔斯泰说过，理想是指路明灯。没有理想，就没有就没有坚定的方向；没有方向，就没有生活。形形色色的理想构成了我们的生活，而我的理想正是当一名作家。

词是美与典雅的化身，在她的身上，积聚了太多太多的豪迈与忧愁。

"大江东去，浪淘尽，千古风流人物。"这是苏轼的豪情壮志。历史沧桑间，峭壁突起了，怒涛翻滚了，小乔出嫁了，船只消失了。于是，在明月当空的夜晚，一个词人坐于船头，手抱琵琶，对着高悬明月放歌道"大江东去"。

"寻寻觅觅，冷冷清清，凄凄惨惨戚戚。"这是李清照那寸断肝肠的哀号。于是，这个美丽的女子，想到了借酒消愁，却只能是抽刀断水水更流，举杯消愁愁更愁。曾经，一代诗仙李太白也借酒消愁，留下了万古名篇《月下独酌》。我不明白，为何流传千古的名篇，总是与酒有关。是古人奇特的个性导致的吧？当饮酒、闻雁、摘花都不能解去她心头的哀愁，便只有独倚窗前，寻觅他的足迹。

当赤壁之战归于平静，当李清照的忧愁随着时间的流逝渐渐淡却，在《文化苦旅》的序言中便出现了余秋雨的这样一段话："我希望自己笔下的文字能有一种苦涩后的回味，焦灼后的会心，冥思后的放松，苍老后的年轻。"

在苦涩中回味甘甜，在焦灼中会心希望，在冥思中放松心情，在苍老中体味年轻，我认为这是一种极高的人生境界，能够在生活百态中，将苦与甜、酸与辣真正交融的人，才能被称为"高人"吧。而这，正是我所向往的。

一直以来，我都有"成为一名作家"这样一个划过笔尖的梦想。我想，真正的作家的语言应该是平淡而不平凡的，而这，确是一直以来我所追求的境界。

就像宋词和散文一样，它可以陶冶人的情操，在美的享受中增长知识，于是，我想让我的作品温暖更多的人。

要想当一个作家，首先，得拥有一颗平静的心，用平静的心去看待烦躁的尘世，用明亮的双眼洞察世间，从而看破人世，剖析人间的美与丑、善与恶。站在世俗的风口端，我需要用不同的角度去观察，去解析，将心归于一片鸟语花香中，才能感觉到，其实，周围很静。

海明威在《老人与海》中说过，他想要表达的是真正的海，真正的老人。而我呢？是想要表达真正的自己吧！

克里斯上将号

赵逸淳

克里斯上将号，这是我心爱的航母模型，注意，只是一只模型哟！真的克里斯上将号是美国最新航母之一，1992年服役，可载六千三百名乘客，两千六百名工作人员，可停留上百架飞机。要知道，这只模型对我来说可是来之不易呢！我为了它，可谓是费了九牛二虎之力。它是我考了三次满分后妈妈才奖励给我的，买回来时正逢暑假。

那天，妈妈买回来，我便迫不及待地抢了过来。哇！当我打开包装，真是惊喜非常，是我心仪已久的航母模型。但，有点儿沮丧的是，这需要组装，包装里只是一堆零件。好在，我对图纸很有研究，于是，我花了半个月的时间就把它拼好。

船头有一位将军，威风凛凛，大气浩存。将军虽是静态的，但在我眼里，将军正指挥战机，制定作战方案，紧张地忙碌着。一架架飞机来来往往，一个个都想立战功。指挥员们更是忙得不亦乐乎。猫眼导弹随着将军一声令下，三响同发。随着声响，一艘护卫舰徐徐下沉，消失得无影无踪。

克里斯上将号之所以这么受我喜爱，主要来源于它的资历。它可以在海上行驶十三年或航行五十万公里不必添加任何燃料。最绝的是，克里斯上将号配备了最尖端的战斗武器——使用式反应堆。

克里斯上将军号，被我刷了油漆后更是栩栩如生。最后，我要骄傲地告诉你，我家马上又有一艘新的航母模型了——辽宁号！

一对小乌龟

李梦宇

今天中午，妈妈给我买了两只小乌龟。一只公一只母，妈妈打趣地说："这就是两口子啊，好好过日子哟！"

看到家里新到了客人，我自是既兴奋又好奇。我急急忙忙地跑过去，接过小乌龟，把它们放在地上。呵呵呵，两只小乌龟一看到我，就赶紧缩了壳，不动了。这两口子还害羞啊！

这怎么办？不能把它们的头拽出来吧？我想，它们是胆子太小，一定是吓着了，我向后退了几步。过了一会儿，一只小乌龟可爱的小脑袋钻了出来，接着，它那四肢和尖尖的小尾巴也出来了。又过了几秒钟，另一只也从壳里出来了。原来，它们的警惕性很高的嘛，现在发现没有危险了，就胆子大了起来，全出来准备溜达溜达？

我拿起一只小乌龟，小乌龟的四肢划来划去，好像在说："放开我，放开我。"我放开了小乌龟。两只小乌龟马上跑开了。

以前我听妈妈说过"乌龟爬得很慢"，可这两只小乌龟怎么爬得这么快呢？妈妈说："乌龟爬得快慢你看跟什么比，我给你讲过乌龟和兔子赛跑的故事。你没见过兔子吗？乌龟和兔子谁快呢？"

"兔子快。"我说。

我和妈妈正说着话，两只小乌龟不见了。我们找呀找呀怎么也找不到。一会儿，妈妈在我的鞋子里找到了一只。我问妈妈："我刚才倒鞋子了，怎么没看到呢？"妈妈说："它有长指甲，可能是扒住鞋子了，你得用力在地板上磕一磕。"我用妈妈教的方法找到了另一只小乌龟。我对小乌龟说："以后别乱跑了，你跑了，你那口子可急死了哟！"它好像听懂了我的话，点了点头。

不管怎样，从此以后，我不会让小乌龟再跑丢的。

艺 术 节

韩晨煜

今天天气真热，偏偏老师安排露天举行艺术节，竟然下令全体同学都要观看！

"什么？这么毒的太阳，晒死人了啊！"有人似乎在哭着说话。面对着火火的太阳，还有许多同学在抱怨。耳尖的老师听到后，有点儿不高兴地看了一眼。其中有个班的老师在演出前还警告学生："刚才讲话的有意见就回教室别看了，下次什么活动都不要参加了！想想看，这么热的大，不是有许多同学在演出吗？"大家一听，都沉默不语了。

第一个节目就是我们班的江秀钰和其他班的同学表演古筝和二胡。我对音乐的欣赏能力勉强说得过去，可对古筝却七窍通六窍——一窍不通。只见她们在上面拨来拨去，发出叽里哇啦的声音，细细听来，好像还挺美妙的。古筝加二胡，传统的中国式搭配，两种乐器就像鱼和水一样分不开。只见老江全神贯注地盯着琴弦，好像唯恐弹错一样。一开始，这空灵之音牵着我们的心，这声音时快时慢，时重时轻，令人陶醉。可这天气啊，热得要命，她们还在那儿弹啊拨啊，眼看节奏慢了下来，似乎要结束了，可突然"死灰复燃"，又拨了起来——怎么叫人活！许久，那无边无际的声音总算完了。掌声啊，比春晚还热烈，不知道是老江她们弹得不错，还是大家急着送她们下台。

就这样，我的艺术节终于在烈日下"熬"过去了，当主持人一说"结束"时，同学们便像小鸟似的，飞进了教学楼。

032

美丽的种子会开花

　　抬头仰望天空，啊！天空就像平静的大海，四周一片静谧。小星星眨巴着眼睛，好似顽皮的小孩儿；月亮姐姐对着镶嵌着美丽宝石的冰镜，在给自己化妆呢；风姑娘吹呀吹，仿佛在催促天空中的舞会快点儿开始。

我的好伙伴——小白兔

陈国平

去年暑假，叔叔送我一只小白兔。它全身长着雪白的毛，摸上去软绵绵的，两只大耳朵长长的，好像什么细小的声音都能听清楚。它的眼睛红红的，又圆又亮，真像两颗红宝石。尾巴短短的，走起路来一蹦一跳。它最喜欢吃青菜和萝卜，吃东西的时候胡须抖动着，就像一位老人。

渐渐的，小白兔和大家熟了起来，我也把它当作我们家的一员。每当有人问我家中有哪些人时，我总是扳着手指数道："一共六个，爷爷、奶奶、爸爸、妈妈，还有我和小白兔。"

的确，小白兔是我的好伙伴，在长期的饲养中，它学会了作揖、站着洗脸等。它经常一边洗脸，嘴还一边动，好像在说："看我多干净，我还会洗脸呢！"它整天蹦蹦跳跳的，好像永远不知道疲倦似的。它在做游戏时的动作也很滑稽，有时它一边跑一边跳，不注意就会摔个大跟头，逗得我们哈哈大笑。它高兴的时候，总是欢蹦乱跳地围着我转；一旦不高兴了，则懒洋洋地躲在角落里，离我远远的。

小白兔很温顺，但见了生人就很害羞。如果陌生人想去摸摸它，它便头也不回地逃走了；可是如果是我走到它面前，它不但不逃，反而会支起前腿，两只眼睛一动不动地盯着我，好像在听候我的吩咐。

它有时也很调皮。有一次，我拿了一面镜子放在它面前。小白兔看见镜子里也有一只小白兔，就用前脚去摸摸，镜子里的小白兔也用前脚去摸。小白兔不禁有点儿生气了，一下子把镜子踢翻了，它愣了愣，随后兴奋地跑到我身边，好像一个胜利者。

我非常喜欢这只小白兔，因为它给我增添了许多欢乐！

可爱的小金鱼

陈　行

我家养了两条小金鱼，妈妈给它们安了一个舒适的家：鱼缸里面放上了水草，还放上了精致的假山。它们可真可爱啊，都有一双又大又圆的眼睛，长着一张小巧玲珑的嘴巴。它们可真活泼啊，在水中相互追逐，时而游上时而游下，像是在捉迷藏。其中一条身体是红色的，一条薄纱般的大尾巴上布满了红色的花纹，从远处看，就像一团红艳艳的大绒球，因此我给它起名叫"红红"。另一条我叫它"跳跳"，因为它总爱跳上跳下的，一会儿钻进水草不见了，一会儿又从假山后面游了出来，有时候甚至跳出水面，它比"红红"更活泼，更惹人喜爱。

小金鱼最受不了惊吓。有一次，爸爸不小心碰了一下鱼缸，两条小金鱼以为发生了地震，吓得乱蹦乱跳，水花四溅。不过，没人打扰时，它们还是挺乖的。吃饱了就在水中摆动着它们美丽的大尾巴，划动着轻纱般的双鳍，圆圆的小嘴巴一张一合，还不时顽皮地吐出许多

美丽的种子会开花

小泡泡，好像一串串晶莹的珍珠。

　　这两条金鱼整天生活在一起，感情越来越深。有时候我喂食，只要一条不吃，另一条就也不吃。可有时候两条鱼又会争先恐后地抢着吃，一会儿就把食物抢光了。吃完它们会游上水面，好像在说："真香，真香！"一晃尾巴又钻到了假山后面。每当我看见它们高兴的样子，心里同样高兴极了。

　　我爱我的小金鱼，我希望它们永远陪伴着我。

小白兔，你快回来吧！

钱卫平

036

　　现在的孩子大多是独生子女，家里没有兄弟姐妹，平时在学校还好一些，可一到节假日，心里就闷得发慌！唉……就为这，妈妈给我买了两只活泼可爱的小白兔。

　　从那天开始，我每天放学回家，第一件事就是拿妈妈买的青菜、胡萝卜喂小白兔。渐渐的，小白兔一见我回家，就蹦跳着跑到我跟前。我一手抱着一个，和它俩说话，它俩安安静静地听着。我真喜欢它俩呀！我轻轻地抚摸着小白兔毛茸茸的身体，真想带着它俩睡觉，可妈妈不同意。和小白兔待在一起总感到时间过得很快，它们会用两只小爪子抓着我的裤腿，绕着我的脚转个不停，直到没有力气，才会懒洋洋地趴在我的脚面上，眯着两只无精打采的红眼睛。

　　小白兔渐渐长大了，我也越来越喜欢它们。正因为有了小白兔，我们全家虽然忙了不少，但却笑口常开。不知不觉我们习惯了有小白兔的生活，它也成了我们全家最要好、最可爱的朋友，可不幸的事情还是发生了。

那是一个星期天，妈妈在家打扫卫生，我匆匆地把小白兔往楼下车棚里一丢，就和几个同学到草地上踢球去了。过了一会儿，爸爸喊我回家做作业，我才恋恋不舍地跟在爸爸后面回来了。等再到了车棚，哪里还有小白兔的影子。我忍不住大哭起来，爸爸妈妈陪着我四处寻找打听，可是始终不见小白兔的踪迹。后来听人说，小白兔是被一群小学生抱走了。我不禁伤心地痛哭起来。

虽然爸爸妈妈答应以后再给我买两只小白兔，可我心里，却仍然想着我那两只小白兔。直到现在，每当我看到别人的小白兔，都要上前仔细看上几眼，看那是不是我的。

唉，可怜的小白兔，你跑哪里去了，你的小主人好想你呀！

037

可爱的鹦鹉

朱　清

我奶奶家养了一只鹦鹉。它长着一身五颜六色的羽毛，红的、黄的、绿的、咖啡的、蓝的……真是数也数不清。一对圆溜溜的、像宝石般的眼睛嵌在头的两侧。它的眼睛一转一转的，似乎对万物充满了好奇心。一张小巧玲珑的钩嘴，十分惹人注意，还长着一对朝天鼻。

奶奶告诉我这只鹦鹉最喜欢吃苹果，所以叫它"萍萍"。只要我一走到笼子旁，它就会"叽叽喳喳"地叫个不停，有时甚至还说："欢迎！欢迎！"它很乖，每天早上6点准时醒来，开始在笼里跳跃，用清脆、婉转的叫声来迎接新的一天。我可喜欢它了。萍萍喜欢对别人说"你好""我是萍萍""很高兴认识你"。经过我的培训，萍萍又学会了讲"姐姐""外婆"呢！

渐渐的，我和萍萍熟悉了，它也敢站在我的肩膀上了。一次，有几位邻居家的小朋友看见了萍萍，想去逗逗它，萍萍却以为他们是想伤害自己，就"咕咕、咕咕"地直叫。我对萍萍说："别怕，这是我的朋友。"萍萍好像听懂了我的话，连忙说："欢迎，欢迎！"我们玩着玩着，我想到了一个好主意："我们玩个游戏吧！我们做不同的姿势，让萍萍来猜。"开始，我把手往右指，萍萍马上把身子转向了右边。我和萍萍搭配真默契啊！轮到李萍了，她把手指向下指，是想要萍萍往下看。结果，萍萍不但没有往下看，还把屁股朝向了我们，逗得我们哭笑不得！

鹦鹉真是既聪明又可爱的小鸟，我们全家人都非常喜欢它。

小花猫花花

张　亮

我很喜爱小动物，特别是我奶奶家的小花猫。它名叫花花，毛黑白相间，平整光滑，非常好看。它圆圆的脸上嵌着一双铜铃般的大眼睛，两只三角形的耳朵向上竖起，显得很机灵。它还有一条长长的尾巴和四只雪白而尖利的爪子。

花花特别讲究卫生，从来不吃外面的脏东西，只吃家里的食物。饭前还要先喝几口水，然后才开始吃。有时候没吃饱，它还跟在我后面要，可怜巴巴的，我再给它放点儿食物，它就又高兴地吃起来。

对了，我还没给你们说说我们之间的趣事呢。它非常爱吃鱼，所以我经常带它去小溪里捉鱼吃。有一次，我正在捉鱼，花花却不见了，我说："它一定会回来的。"我嘴里说着，心却提到了嗓子眼儿。我又弯下腰捉鱼，突然，我感觉有个东西跳到了我背上，吓了我一大跳，用手一摸，啊！原来是花花，我高兴极了。原来花花累了，爬上树休息了一会儿，又跟我玩起了捉迷藏。

它还立下了许多功劳呢，不信你听。它是捉鼠能手，每天夜深人静的时候，它都要抓老鼠，为保护粮食立下了汗马功劳。有一次我在奶奶家的院子里玩，突然一只老鼠从我脚下溜过，这时候小花猫看到，立即从窝里蹿出，像闪电一样扑向老鼠。只听"喵"的一声，小花猫已经衔住了老鼠，躲到一边慢慢品尝去了。

我爱小花猫，它给生活带来了很多乐趣！同学们，你们不觉得花花很可爱吗？快来跟它做朋友吧！

我家的鸡

唐倩倩

去年，我家养了一只老母鸡，黄黄的羽毛，红红的冠子，胖胖的身子，我可喜欢它啦！

有一天，母鸡不下蛋了，只是一个劲儿地叫。妈妈说："老母鸡要孵小鸡了。"我听了很高兴，连忙帮助妈妈在竹筐里放了一层麦秆，又铺上一层厚厚的棉絮，把二十个鸡蛋放在棉絮中间，让老母鸡孵在上面。从此，母鸡不再到地上玩了，一天只有吃食的时候才下来。很快，二十一天过去了，一只只小鸡啄破蛋壳，钻了出来。嗬！多可爱呀！有乳白色的、有淡黄色的、有银灰色的……它们身上湿漉漉的，母鸡赶紧用自己的翅膀搂住它们，给它们取暖。过了一段时间，小鸡们都钻出来了，在屋里跑来跑去。它们的绒毛黄黄的，摸起来又软又绵，还不时地发出"叽叽"的叫声，那小黑豆似的眼睛，尖尖嫩嫩的小嘴，再加上又尖又软的小爪子，真是可爱，跑起来就像一团毛茸茸的绒球在地上滚动。它们很胆小，听到一点儿风吹草动就急忙争先恐后地跑回母鸡的翅膀下藏起来。可当这些小东西发觉外面没有了动静，便又全跑出来，在屋里嬉戏。它们或你追我赶，来回跑动；或围着毛线团绕来绕去，不时地还会一起齐心协力用小尖嘴顶着毛线团走几步。等到它们玩累了便又回到窝里，安稳地睡大觉。

因为它们太小了，吃米吃饭都不行，于是，妈妈便去商店买来了米糠。我拿了米糠放些水搅拌了一下，放在地上给它们吃。这些小鸡，有的站在盆子外边吃，有的跳到盆子里面吃；有的吃得非常乖，一口一口地啄着吃，有的却非常顽皮，一边吃，一边用脚扒拉着，弄得米糠撒了一地。这些小鸡吃着我给它们拌好的米糠，长得非常好，非常快，个头都很大。我看着心里面真高兴。

小鸡一天天长大，可鸡妈妈对它们的感情好像越来越差，后来竟发展到和它们抢食吃，啄得小鸡"叽叽"直叫。我生气地要把母鸡赶走。妈妈笑着制止了我："傻孩子，鸡妈妈这是在培养小鸡独立生活的能力呢。"看着妈妈的笑脸，我恍然大悟，原来这些鸡还真不简单呢！

家有果果

雷　朋

它是一只顽皮而可爱的小狗，我给起名叫果果。最初见到它是在大街上，那时它无依无靠，可怜巴巴的，于是我将它抱回家，给它梳洗一番。嘿！没想到原来竟是一只很帅气的小狗呢！

你看它：两颗黑珍珠般的眼睛嵌在脸上，显得机灵可爱；一条淡粉色的小舌头老是喜欢从嘴里伸出来，仿佛在问"主人我漂亮吗"；两只小耳朵对称地竖在脑袋上，显得神气十足。如果说它的脸很好看，那它的身体、动作便称得上是有趣了。它黑亮的毛中夹杂着几缕白毛，显得十分俏皮；两只前爪总也闲不住，一会儿摆弄摆弄这个玩具，一会儿又碰碰高处的物品，碰着了还好，如果碰不着，它便会一次又一次地跳起，直到触到方才罢休。看着它我不知道是该笑它还是该佩服它。

果果很聪明，也很顽皮。家里没人时，它会踩着床边的鞋架跳上床，乱翻我的东西，床上的东西经常被它翻得乱七八糟，像被强盗洗劫过一样。我的床头有个闹钟，闹钟上有个按钮，有天它无意中按了一下，被响铃吓了一跳，后来无意中又按了一下，响铃关闭了。没等我发火，它就耀武扬威地继续展示它的才艺，弄得我哭笑不得。果果大概是觉得很好玩，以后只要一有机会，就循环不停地开、关。我敢说，如果果果是人的话，肯定是个相当聪明的家伙。由于我对果果宠爱有加，只要放学回家有空，就总是把它抱在怀里，所以每次它都不安分，总想爬上我的肩膀咬我的耳朵，和我开玩笑。

042

在我刚把它抱回家时，它还很小，后来不知不觉，它长大了，变得威武神气了。它不再玩儿时幼稚的游戏，而是学会了看家护院。见了熟人，它摇头摆尾，让人感觉热情得过了头；可是，它要是见了生人，定会狂吠不停，一副凶相，把人吓得魂飞魄散。

我喜欢我家这只调皮而可爱的果果，它给我带来了不少乐趣！

小狗乐乐

鲍丽丽

　　我家的小狗乐乐可真讨人喜欢啊！它长得胖乎乎的，全身洁白如玉。小鼻子一翘一翘的，好像特别神气，尤其是上面的那个小红顶，就好像一颗红红的小宝石，再配上它那全身雪白的外衣，活脱脱就是一位高贵可爱的小王子。

　　乐乐和我相处得很好，我和它在一起的日子，发生了许许多多有趣的事。每当我放学回来的时候，它总是出来迎接我，"汪汪"地叫着和我打招呼，还用头蹭我的腿，那亲热劲儿就像见了老朋友一样。它要是撒起娇来呀，那才叫一般人受不了呢！它会扑在你身上，又舔又咬，用它那柔软的舌头把你满手满脸舔得黏糊糊的。它还会做梦呢！你只要见它腿脚乱抖，翻着白眼，那肯定是梦见了美味的骨头或者心目中的白雪公主了。

　　它很胖，浑身毛茸茸的，像个肉球似的，走起路来屁股一扭一扭，像模特在舞台上走猫步，让你忍不住想笑。它平时最喜欢到鞋架那儿，闻闻这双鞋，嗅嗅那双鞋，如果发现哪双鞋臭，就把它们东一只西一只地叼走藏起来。爸爸的脚最臭，这下他可遭了殃喽！他每次出门前，总得为找一双成双成对的鞋满房子折腾。有几次差点儿误了事，爸爸气得都要打它了。每当这时候，它就会跑到我身边，睁着两只水汪汪的大眼睛，可怜巴巴地看着我，好像在向我承认错误，乞求我的原谅。看着它那楚楚可怜的样子，你说我还能舍得让爸爸打它吗？

为了不让它脏兮兮的，我每天晚上都给它洗澡。它洗澡时可调皮了。我用脸盆打好水，抱它进去，它又蹦又跳，溅得我一身都是水。有时我生气了，拿着鸡毛掸吓唬吓唬它，它就赶紧跑到角落里，小声地叫着，好像在说："小主人，原谅我这一次吧！"

这就是我家的小狗乐乐，你们喜欢它吗？

全家"晒网"记

刘 念

044

"'三天打鱼，两天晒网'，比喻对学习、工作没有恒心，经常中断，不能长期坚持……"2017年4月10日下午2点，我正在专心地读着那本十厘米厚、可以砸死人的《成语大全》，忽然从背后传来一阵低沉的声音："念念，我回来了，爸爸魔鬼来了……"我冷不防地听到这个声音，差点儿没从椅子上掉下来。咦？这不是老爸的声音吗？不对呀，他不是去北京学MBA高级白领教程了吗？我将信将疑地转过头，我的天啊！正在朝着我做鬼脸的不正是我亲爱的爸爸吗？

"老、老、老……"我激动地都说不清话了，"老爸，你不是在北京上课吗？怎么又回来了呀？"爸爸哈哈大笑："老爸想念念了嘛！我呀，回来看看你，上课哪有念念重要啊！""老爸，你太好了，太好了……"我忘乎所以地撒了个娇，"不过，老爸，你不会打算一直逃课吧？你不是还有两个星期的课程吗？老爸，逃课可是不正确的……"爸爸笑嘻嘻地回答："让我算算，今天回来住上几天，然后再回去上五天，然后再回家……""打住！老爸，这个，这个不是很现实吧？来回要很多机票费呢！"我迟疑地说。老爸还是笑嘻嘻的："可是老爸想你呀！"我看了看手中的《成语大全》，然后一本正经地对老爸说："咳，咳……老爸同志，您这是典型的'三天打鱼，两天晒网'啊！"

老爸住了几天，又飞回了北京。人是走了，可是老爸的"晒网精神"却像病毒一样传染给了我和老妈。

妈妈要参加计算机等级考试，这几天正在热火朝天、兴致勃勃、劲头十足地学电脑。可是老爸刚走没几天，老妈她也逃课了——

"念念，妈妈今天不去上课了，要在家复习。"妈妈悄悄地对我说。

"啊，老妈，你也要'晒网'？"我笑嘻嘻地问。

"什么嘛，你看你老妈这么认真，哪像'晒网'的人？我这不叫'晒网'，是劳逸结合。况且，你看你老妈都成兔子眼了，再说了……"

"好了好了，你是该'晒网'了，我可不想变成兔子女儿！"我把一片孝心表达了出来。

晚饭过后，我正在写作业，看着妈妈正在轻松地玩着电脑，心里真是嫉妒加羡慕，哪一天我也要"晒"一次网，不然我在这个"晒网之家"意义何在！不过，以老爸老妈的"严于律人，宽于律己"的标准，未尝会同意我的"晒网"计划，唉！

第三天晚上。"啊，什、什么？音乐老师病了？"当妈妈接完电话，告我这件事情后，我高兴地差点儿晕过去。看来，可以休息几天了！嗯，老天还是挺照顾我的嘛，这么说，我也可以"晒网"了！

　　"老、老妈，我、我太高兴了，我终于可以'晒网'了……"老妈奇怪地看着我："我倒是没见过你这样的人，老师病了还这么开心，还想'晒网'？去，练声乐去！""老爸跟你都可以'晒网'，就我不可以，这太不公平了！"……正当我和老妈吵得激烈时，忽然听见"吱呀"一声，门开了，接着就是老爸兴奋的声音："念念，老爸回来啦！"得，又来了个"晒网"的，晚上的"晒网活动"又不知是多"精彩"……唉，作为家长，你们这样是不对的呀！

明星在我们学校

尤　直

046

听说有明星正在我们学校拍电影呢！

1分13秒

　　你知道这些明星空闲时间最喜欢做什么吗？告诉你吧，那就是锻炼。我们经常可以看到他们一声不吭地在学校里跑来跑去。前段时间因为天气热，有的明星经常光着膀子跑步。被我们看到后，我们常常像发现新大陆一样兴奋地追着拍照。有时看到我们学校的运动队在训练，竟然还和我们这些小学生比起赛来。"1分13秒"就是一个小个子明星这几天跑四百米最好的成绩。

拍电影真辛苦

以前我总以为当演员很风光。两个月观察下来，我发现当演员其实是非常辛苦的。我们是住校的，每天早上6点半起床锻炼时，他们这些拍电影的早就开始工作了；每天下午我们都上第一节课了，他们才吃午饭；每天晚上，我们都准备睡觉了，他们还在拍电影。我们班群众演员黄啸天参加拍一个"小朋友上学"的戏，竟然拍了一天，他回来后告诉我们："坐在教室里上课比拍电影舒服多了。"一个群众演员拍一个镜头都这么辛苦，你就可以想象明星们有多辛苦了。

戒 备 很 严

大明星拍电影戒备可真严啊！每次他在哪个地方拍，我们就不能往那个地方走。离他拍电影的地方还有五十米，就会有工作人员跑过来，让你走开。那些负责安保的人，隔一段路就有一个，一个个带着对讲机，走来走去的。我们想看大明星拍电影只能远远地看，或者趴在三四楼的窗口上看。要是谁偷偷地想拍张大明星拍电影的照片，那是绝对不允许的。

道 具 多

真没想到拍电影要那么多道具。每次大明星来我们学校拍电影，大客车、集装箱车等都要来几十辆。车上什么都有。有一次，我们几个偷偷地走过去看，发现每辆车上装的东西各不相同。有的车上装着发电机，有的车上装着各种各样的灯，有的车上装着升降机，就连固定铁架的沙袋都有……真是要什么有什么。

怎么样，听了我的介绍，你对大明星拍电影了解多了吧？

快　　乐

孙志敏

048

快乐就像咬上一口红红的苹果，那甜甜的感觉，就是快乐的味道。

假期里，没有了繁重的作业和学钢琴的负担，虽然也有一些作业，但却是很轻松的！每天一起来，写一会儿作业，玩一上午，玩累了就弹会儿钢琴，再写会儿作业。晚上约上三五个小伙伴在院子里尽情地玩耍，第二天可以一觉睡到大中午，不用担心早晨不能按时起床、到校、上课……太开心了！哪像开学的时候呀，别说每天能尽情玩了，就连玩一小会儿的时间都没有！作业那么多，再弹上一个小时琴……唉，别提了！

不过，学习当中也能找到快乐。有时，读着课本上的文章，就好像站在旁边看见了那一丝一毫的细节，身临其境的感觉真的好棒！有些课文带我走进怡人的景物中，让我感受趵突泉的清浅、鲜洁，西子湖畔不同韵味的绿，海上日出的奇观，美丽如诗的夕照，还有"棒打狍子瓢舀鱼"的北大荒。有些课文让我跟文中的人物近距离接触，过瘾地看小英雄雨来机智地与敌人周旋，晒得黝黑的挑山工挑着重担行走在陡峭的山路上，鲁迅先生为车夫仔细地擦着药水，饿着肚子依旧顽强行军的倔强的小红军，牺牲自己生命来挽救乡亲们的猎人海力布……我与他们一起欢笑，一起悲苦，一起感动，一起沉思。而练字呢，不仅能让我的写字水平提高，还能磨炼我的耐性，真是一举两得呀！弹钢琴更能陶冶我的品性，有时弹着弹着，连我自己都沉醉在优美的旋律中。遨游在知识的海洋里，还真的有一种特别满足的感觉呢！特别是每学期期末考完试，我就盼着领通知书的那一天。因为当我看到了满意的分数，顿时会觉得自己有一种成就感，而学习的烦恼便被这成就感驱赶到很远的地方了！

其实，生活本来就是幸福快乐的，只是看你怎样去感受。当烦恼找到你时，你也可以从烦恼中找到快乐。

俺家里的"怪人"

苏青果

俺家"怪人"多，不信请来瞧。

节俭的奶奶

先说咱们家德高望重的活祖宗，自然是我的奶奶了。也许是一生的勤俭，成就老人家今天没法改变的个性，那就是节俭。所以，我时常对人说：我有一个节俭的奶奶。

奶奶的确老了，白色的头发，皱纹早已爬满了面颊。奶奶喜欢穿蓝色上衣，黑色的裤子。

奶奶每次在路上看到瓶子什么的，就会捡起来。有一次，我喝完可乐把瓶子扔到了垃圾桶里，奶奶看见就拣了出来，还训了我一通，说是垃圾要分类，利国利民。奶奶捡瓶子卖了钱，却舍不得花，攒下来给我买衣服。

还有一次，我洗完手准备把水倒掉，奶奶说："不要倒了，等会儿我要涮拖把呢！"

爱唠叨的妈妈

再要说的一个人，就是俺的亲娘。对，就是我的妈妈。如果说妈妈和奶奶有一个共同之处，就是都不太爱花钱。妈妈从来不买首饰和高档化妆品，省下来的钱给我买学习用品和衣服。这一点，我是没话说她的，毕竟是妈妈的"私生活"，我何以干涉？只是，她沾染上了"话痨"，我在背后的抱怨是：我有一个唠叨妈妈。

每次妈妈回到家，第一件事就是给我检查作业。一会儿让我整理书包，一会儿又让我睡觉，睡觉前还不停唠叨着："要早睡早起，早晨起来要多读书。"妈妈连说了十几遍，我听烦了就把耳朵捂了起来。

看见了吧，我妈妈够唠叨的吧？

美丽的种子会开花

杨 瑜

霍金曾告诉我们不要停止仰望星空，我毫不夸张地说，在夏天，我每天晚上都会看看头顶的星空。

太阳下山了，热气还没消散。人们不大喜欢待在空调房里，于是，一家人总喜欢在自家的阳台上纳凉。

听，夜蝉长吟，我就躺在自家阳台的长凳上乘凉。

抬头仰望天空，啊！天空就像平静的大海，四周一片静谧。小星星眨巴着眼睛，好似顽皮的小孩儿；月亮姐姐对着镶嵌着美丽宝石的冰镜，在给自己化妆呢；风姑娘吹呀吹，仿佛在催促天空中的舞会快点儿开始。瞧，十二星座已纷纷来到，舞会开始了，大家拍着手，唱着歌跳起了舞。小星星们在玩拍皮球，拍到这儿，拍到那儿，把舞会的盘子打破了，还弄倒了饮料。月亮姐姐把它们抱到床上，唱着歌，哄小星星渐渐入睡了。

我站起身，环顾阳台四周，远处萤火虫提着小灯笼，在花丛中飞来飞去；花儿们正戴着晶莹的露珠项链在迷人的月光下翩翩起舞；池塘里，青蛙们正用浑厚的男低音放声歌唱；墙角边，蛐蛐们正拉着小提琴在为它们伴奏。大山呢，则默默地在远处矗立着，仿佛一位威严的老人注视着这一切。

夜已深，大地一片寂静，人们都进入了梦乡，我轻轻地向它们说声："再见！"

啊，多么美好的夏夜！

我们的"世界杯"

赵逸淳

"肥罗冲啊，射门，球进了！"我兴奋地从沙发上跳了起来，比赛结束时，巴西队以3∶0的好成绩击败了加纳队。突然，我冒出了好主意：我们也来一次"世界杯"。

我带着足球冲出了家门，迅速喊到了几个小伙伴，就开始了比赛。首先我介绍了我们是巴西队，我是10号小罗，他是9号肥罗……我们的对手是法国队，大家应该知道齐达内、亨利这些名将了吧。

随着裁判的一声令下，上半场开始了。我首先带球，晃过三个人，然后射门，哎呀！球打在了守门员的屁股上，弹出了界。当守门员把球给了亨利之后，肥罗马上冲过去，想把球截断，可是亨利很聪明，只见他先停球，做了假动作，把我方队员耍得晕头转向。接着他把球传给了维埃拉，我刚冲上去，维埃拉就马上把球传给了齐达内，只见齐达内立刻射门，我方门将还没有反应过来，球就以闪电般的速度冲进了球门。

我们刚想打反击，却被裁判一声哨响结束了上半场。休息了十五分钟后，我们再"杀"进"战场"开始比赛，我们开始反击了。我首

052

先传球给卡卡，卡卡又过人将球传给了肥罗，肥罗又传球给我，就这样，我们让对手跑得精疲力竭。然后我开始过人，过了两个人后，最后一个过不去，只好一脚打门，谁知，球进了，我拉平了比分！我兴奋地跳了起来，高声欢呼。

法国队开始反击了，齐达内带球过人，也是过不了后卫，这时他突然把球钩了起来，球正好打在了我方后卫的手上。因为这是在禁区内犯规，所以裁判判给了法国队一个点球，齐达内主罚，他一脚射门球就进了。球刚进，比赛就结束了，我方队员呆呆地看着湛蓝的天空。

这场比赛可真是"法拦西"，世界"悲"啊！

龙湖公园一游

苏嘉文

周日，阳光明媚，我和爸爸妈妈高高兴兴地乘车去龙湖公园玩。

到了公园，我特别兴奋。我对妈妈说："咱们快点儿去玩呀！"妈妈说："别急，别急，保证让你玩个够。"

进入大门朝西走二百米，便来到了喂鸽子的地方。那里的鸽子真美呀！雪白的羽毛，红红的爪子，红红的眼睛。它们有的展开洁白的翅膀上下翻飞，有的头一点一点地寻找食物，还有的落在游人的手上、肩膀上。我见它们这么有趣，也买了包食去喂它们。它们很胆大，有几只落在我的手上，啄来啄去的，弄得我的手心直痒痒。看着它们一个个可爱的样儿，我情不自禁地笑了。

接着，我来到了公园里的动物园，看了鸟艺展示。鹦鹉们有的表演跳舞，有的唱歌，还有的骑自行车。最可爱的要数那只大鹦鹉，它叫小辣椒。它会走钢丝，它会说话，还会荡秋千呢！只见它飞到秋千旁，抓住了绳子，跟着节奏左右摇摆，好玩极了。这个小辣椒真是多才多艺呀！

但最好玩又惊险刺激的还是"激流勇进"。船来了，爸爸勇敢，坐在前面；妈妈胆小，坐在后面；爸爸妈妈怕我害怕，就让我坐在他们中间。一开始，一位老爷爷拿个木棒，把船轻轻地拨到前面。船顺着水流，缓缓前进。船穿过第一个陡坡，我没感到惊险，反而想：这叫什么激流勇进嘛，一点儿也不惊险。到了第二个陡坡，船像蜗牛一样，向上慢慢爬着，我们的整个身子都往后仰着，我开始害怕了。眼看到顶端了，就在这千钧一发的时刻，船飞速俯冲而下。我觉得自己像是掉进了万丈深渊，我喊着："救命！"在这一霎间，船箭一般地冲进了水里，我们身上的衣服全湿了。下船的时候，我的手还颤抖着。心想：天哪，刚才那一瞬间都快把我吓出心脏病来了。我嘴里嘀咕着："这激流勇进可真是无比惊险刺激呀！"

在回家的路上，我的脑海里还浮现出刚才玩的情景。我笑着对爸爸妈妈说："这次去龙湖公园玩的经历，我一辈子也忘不了。"

054

春　光

吕大兴

　　春天，在阳光照耀下，到处都被笼罩在一片暖融融的氛围中。滨河里的阶梯式的"溜冰厂"变成了小瀑布，河面上波光粼粼，路上被太阳照得亮晶晶的，仿佛成了银光大道。坐在窗户旁边的同学经不住窗外风景的诱惑，偷偷地探头去欣赏外面的风景，深深地吸一口大自然带来的春的气息，真是心旷神怡。

　　正午，太阳到了正中间，万丈光芒向大地扑射而来。太阳什么都看见了，真是能称得上"艳阳高照"呀。

　　下午，在春光里，在春风的轻拂下，五颜六色的风筝随风飘扬，衬着瓦蓝瓦蓝的天空，显得更加鲜艳、美丽。那些各式各样的风筝，多么像在宇宙中闪烁的星星啊！

　　傍晚，天边出现了火烧云，朵朵白云变成了红色，随着西边落下的太阳，到了另一个半球。这时，小村庄上空炊烟缭绕，可见，人们开始煮饭了。烟慢悠悠地升上了天空，向城市飘去；城市弥漫在一片片浓厚的烟雾中，拔地而起的高楼大厦就像摇篮中熟睡着的婴儿，享受着春的气息。

　　春光里，景色就是这样美的。

我是双龙洞的小导游

刘娥娥

大家好，我是这次旅游活动的导游，今天带大家去金华的双龙洞游一游，请大家抓紧时间快点儿上车。

朋友们，现在，我们的车子已经离开金华城到了罗甸。

看，山上还开着映山红，油桐也正开花。不知大家注意到没，山上的沙土还是红色的呢。这点，大家还熟悉课文《记金华的双龙洞》描写的情景吗？

朋友们，双龙洞到了，请一个个地下车，不要拥挤。这是洞口，很宽。大家跟我进去看看。

哇，这儿这么大！现在大家猜一猜，这儿可容下多少人？告诉大家，八百人绝对没问题。

下一步，请游客们排好队，现在我们要进洞了。

各位，你们心中有疑惑了吧？怎么进洞啊？难道这儿没有入口？

这个问题所有的游客都曾问过我呢。看到左边石壁下方的孔隙没，我们就坐船从那儿进去。对啦，一条船只能容下两个人。坐在船里，你会感觉左右和上方的山石向你挤过来。不过请放心，这是绝对安全的，很快就可以登陆了。

好了，内洞到了，这儿一团漆黑，大家请紧跟着我，不要走散了，顺着我的指点，借着汽油灯的亮光，请仔细地看景点。

请看洞口，你们觉得那像什么？猜对了，是两条龙，一条黄的，一条青的。此外。还有许多石钟乳和石笋，都依据形状被想成神仙、动物以及宫室、器用。名目有四十多种。

下面，大家自由游览，请注意安全。游完了的游客请到出口等候坐船出洞。

夏日荷塘

孙　晨

夏天的荷塘真是最美的地方啊，那里可是别有一番韵味！

小伙伴们，走走哟，到荷塘去吧！你看，那一大片荷塘，"接天莲叶无穷碧，映日荷花别样红"。清风扑面，香气四溢，是不是觉得自己都带有香气了呢！

甜甜的荷叶千姿百态，有的紧贴着水面，像一个浮在水面上的玉盘；有的腰挺得直直的，像一把撑开的大绿伞；有的半开半卷像害羞的小姑娘；还有的卷在一起像织布用的梭子。最动人的是那荷叶上的小水珠，像一粒粒散了线的珍珠，晶莹剔透。

荷花姿态不一，形象各异：有的展开可自己美丽的花瓣；有的只张开了半边脸蛋儿；有的还是含苞待放的花骨朵儿；还有的只剩下几片花瓣，露出了嫩黄嫩黄的大莲蓬。最有趣的是那圆盘似的荷叶上，调皮的青蛙把它当作了自己的演唱台，听吧，一只只小青蛙在歌唱这一池的美色。河底，清澈的水中，小鱼儿在游来游去，好像在捉迷藏，快活极了。

呵呵，你说这夏日的荷塘不是风光无限吗？就连池塘边的那棵柳树也不甘示弱，低垂着头，细心地梳理着自己又细又长的头发。莫非也要和荷塘一争芳容？

我们的小伙伴小明和小兰来到池塘边玩耍，淘气的小明随手摘了一片荷叶当遮阳帽。小明和小兰还折了两只小"游船"和"画舫"放入池中。瞧，船上满载着游客在池中游览呢！怕也是荷塘的一大景致哟！

夏日的荷塘真美，是大自然的神笔描绘出来的。

冬

吴秋月

冬天又来了，她踏着静静的脚步，悄悄地降临人间。

哦，洁白美丽的雪花，你要去哪儿呢？是要去铺筑一条弯弯曲曲的小路，还是为楼房披上一层雪白的棉袄？你总是那么快乐，快乐地飞舞，快乐地降落，快乐地欣赏自己的杰作。凡是有你经过的地方，全染上了一层白色，是那种纯洁的白，白得不真实，白得不可思议。山坡上，田野里，你总是那么快乐，像孩子，像精灵。哪儿有你的身影，哪儿就是一片银装素裹。

暖暖的冬阳，你要去哪儿？是温暖大地，还是温暖人们的心？

你总是那样温柔，温柔地洒下阳光，温柔地抚摸着人们的脸庞。你仿佛是冬天里的精灵，为世界带来一片安详。哪里有你的身影，哪里就有光明，哪里有你的身影，哪里就充满希望。你总是悄悄的，悄悄地来，悄悄地走，日复一日，年复一年。

冬日里的一切，都那么熟悉，它们身上都带着一种令人无法揣测的美。娇艳的蜡梅，你美丽的身躯为何不在春天开放？那时候，你一定是万花丛中最美的王后。怎么？你是怕自己不够美丽，还是想捍卫冬日里这片神奇的土地？可爱的雨点，你是如此潇洒，为何最终仍要投向大地？那时候，你将是天空中最优秀的王子。怎么？不愿意？你是急于和伙伴们见面，还是想滋润冬日里这片神奇的土地？

冬啊，你为何如此美丽？你是这样让人神往！

啊！小雨

吴鑫城

没有小曲的恬畅，没有歌声的悠扬，只是细细地、轻轻地从天空中垂落，这就是小雨！

厌倦了激烈的竞争，尝尽了失败的苦涩，试着轻轻地掩上心扉，寻找一方心灵的净土。

在雨中，你可以尽情洒脱；在雨中，你可以快乐追逐；在雨中，你可以感受到一种从未有过的感觉；在雨中，你可以回味着童年的无限乐趣……

美丽的种子会开花

看呀！又一场细雨来临了，雨中荡着欢笑声，无处不在，无处不有。

也许是爱耍酷吧，我拿着一根竹子练起了"中华武术"，拳打脚踢，舞刀弄枪，大大地炫耀了一番。

"哈，酷吧！"我得意极了。

"嘿嘿，这算什么，再瞧瞧我的耍刀戏水。"我又拿着竹子朝细长的雨点砍去。"嘿，断了吧！"正当我扬扬得意之际，竟发现细雨毫无损伤。

"咦，怎么这样？哼，我看你的骨头有多硬，能撑得了多久。"说罢，我又挥起"长剑"朝雨水打去，一下、两下、三下……

唉，无奈。迎着伙伴们的笑声，我羞愧得无地自容。"你这个傻子，雨水怎么砍得断呢，雨水啊，是吃软不吃硬的。"接着，又一阵笑声。

我还是搞不明白，不时地摸摸后脑勺："嘿嘿，这只不过是演戏。不是真的，不是真的……"

想到这里，我不禁"扑哧"一声笑了。童年多么美好啊，在童年的世界里，我才能找到属于自己的快乐，属于自己的真、善、美！

朋友，听我的，没错。在雨中，你可以找到一种说不出的恬畅；在雨中，你可以静静地感受一份超然；在雨中，透过茫茫的迷雾，你能发现一个属于自己的世界，一个拥有着真、善、美的世界。

为新奥运喝彩

张铕格

星期六那天，我观看中央电视台的体育栏目。有幸看见在第四十八届世乒赛上，中国男队第十五次举起斯韦林杯，中国女队第十七次捧起考比伦杯；第二十一届尤伯杯羽毛球赛上，中国女队获得了冠军；在田径大奖赛中，中国飞人刘翔在大阪大奖赛上以13秒22夺得了男子110米栏的三连冠。

我也是学校田径队的一名成员，此时此刻，这一幕幕激动人心的场面让同样是运动员的我心潮澎湃，也让我想起北京2008年的奥运会和那些奥运吉祥物福娃。

在北京奥运会开幕那天，北京体育场，不，整个北京城一定是人山人海，万紫千红，像《开国大典》中描述的那样，空中飘着无数的彩带和气球，五颜六色，让人应接不暇；洁白的和平鸽成群结队环绕在体育场上空；直升机一边撒着传单，一边用扩音喇叭在播放着有关奥运会开幕式的情况。

那时运动场上的气氛一定特别热烈。憨态可掬的福娃们在运动场上摆着各种姿势告诉世界："北京欢迎你！"世界各地的体育代表队、小学生组成的彩旗队和庆祝开幕式的各种方队喊着嘹亮的口号，一同踢着正步，来到场内。你听，奥运会主席发言，大力赞扬北京奥运组委会的成功组织，庆祝2008年奥运会在北京胜利召开。你看，随着奥运圣火的点燃，嘹亮的歌声唱起来，优美的舞蹈跳起来，烟花在北京城的上空盛开，五光十色，绚丽多彩。接着，奥运会竞争激烈的比赛正式开始了……我陶醉在自己对2008年北京奥运的幻想中。

随着我们国家经济的发展，随着全民体育水平的提高，中国一步步走向世界，北京的奥运更是借此机会传递着对各国人民的友好，"天涯若比邻"已不再是梦想，奥运赛场的五环旗下，是体育健儿们的勃勃英姿。为了美好的明天，我们一定会更加积极地参加到体育事业中。我相信，北京的2008年一定会举世瞩目！

让我们一起为中国的新奥运喝彩吧！

参观鲁迅故里

沈佳禹

在骄阳似火的日子里，我和《宁波晚报》的小记者们怀着对鲁迅先生无限崇敬的心情参观鲁迅故里。

我们沿着窄窄的石板路来到了位于东昌坊口西侧的周家新台门。鲁迅在周家新台门内度过了童年和少年时代，给人们留下了耐人寻味的踪迹。新台门坐北朝南，青瓦粉墙。从鲁迅故居临街两扇黑油油的石库台门进去，穿过小天井，是一间泥地的台门间，系鲁迅家当年用来安放交通工具的地方。那里陈列着轿和橹。

从台门斗侧门进去，有一口水井。那水井里的水多么清澈，多么

062

清凉。把手一伸进井里，你会感到浑身都十分凉爽，仿佛来到了冰凉的世界。井边有棵小树，像是一顶撑开的绿伞为井遮风挡雨。

穿过长廊，就来到了桂花明堂。这里原种着两株茂盛的金桂，所以得名为"桂花明堂"。桂花树下有一张大圆桌，据说鲁迅小时候，在烈日炎炎的夏天，经常躺在桂花树下的桌子上乘凉，听继祖母给他讲故事……过了桂花明堂，便来到了鲁迅的卧室兼书房。里面有铁梨木床、桌子、椅子……据说鲁迅从日本留学归国后，在绍兴任教期间，常在这里备课、写作。

穿过天井，迎面就是保存完好的鲁迅故居两楼两底。那儿有间会客室，鲁迅常在那儿接待朋友、同学。会客室里除了桌椅外，还陈列着一张皮躺椅，听说是鲁迅的父亲在生病的时候用来休息的原物。除了会客厅外，那儿还有他母亲的卧室、夫人的卧室……

忽然我想起鲁迅的《从百草园到三味书屋》中有段描述："我家的后面有一个很大的园子，相传叫作百草园……其中似乎确凿只有一些野草；但那时却是我的乐园……"我多么想一睹为快，于是漫步来到百草园。百草园其实只是一个普通的菜园，那里种着各种各样的瓜和菜，还有清香扑鼻的桂花树……导游姐姐介绍道："鲁迅小时候经常和小伙伴们到百草园里玩耍嬉戏，他们在这片小天地里捉蛐蛐，看蚂蚁背苍蝇……冬天还常常在雪地里捕鸟呢！"听了介绍，我仿佛看到鲁迅在此玩耍的情景，听到了他的欢声笑语。

经过百草园，我们又来到了三味书屋。这是鲁迅曾经读过书的地方。我发现鲁迅书桌右下角有一个"早"字，觉得奇怪。后来听了导游姐姐的讲述才知道：原来鲁迅在一次上学时因故迟到，受到塾师的严厉批评，于是就悄悄地用小刀在书桌右下角刻下了这个"早"字，用以自勉。我深深地佩服鲁迅的这种精神。瞻仰鲁迅故里，更激起对这位伟大的文学家、思想家、革命家的崇敬之情。

无限风光在险峰

郭尽宇

"五一"长假里，爸爸妈妈带我来到了美丽的寨沟。

御竹林中，一根根青翠挺拔的竹子连成一大片一大片的竹海，似乎望不到边。小溪流一路唱着歌向前奔去，时而跳一下，时而转一下。水流突然变急变快了，形成瀑布倾泻而下，像一匹无瑕的白色绸缎挂在青山之间，溅起的水雾打在游人脸上身上，说不出来的舒服。看到此景，我不得不感叹大自然的鬼斧神工。瀑布下面形成一个水潭，潭中有墨绿、翠绿和蓝三种颜色组成，真是美丽。

走过一段路，我们来到了整个景区中最美但却最险的登天峡。向上仰望，只见山间危石嵯峨，山崖十分陡峭，想上去只有一条又细又滑的栈道。我稍加犹豫便决定要去爬山。我小心翼翼地迈出每一步，虽然不断告诉自己不要恐惧，但一想到脚下是幽深的潭水，头上是陡峭的山崖，立马想到放弃。但转念一想，老师不是经常告诉我们干任何事情都不能半途而废吗？我一咬牙，随着人流向山顶登去。不知登了多久，我听到有人大喊："快看，到山顶了！"我放眼欣赏着山顶的美景。我眺望远方，一座座山峰连绵起伏，山间绿树红花，阳光柔和地照耀着，真有一种"一览众山小"的感觉。云彩环绕在我们脚下，大家似乎飘飘欲仙。

这次登山，我在领略了大自然的秀美风光外，更体会到了"无限风光在险峰"的道理。

猴子不在家，老虎称大王

李香北

什么？搞错了吧？只听说过"老虎不在家，猴子称大王"呀！告诉你吧，我们家的实际情况就是"猴子不在家，老虎称大王"。要问为什么？那就让我告诉你吧！

我们家三口人，爸爸今年三十九岁，属相嘛，是机灵聪明的猴。妈妈三十七岁，属忠心耿耿守卫家园的狗。我呢，今年九岁，属森林之王——老虎的。爸爸在我们家有绝对权威，家里的大权被他牢牢握在手里。只要爸爸在家，我这个森林之王，只得乖乖听他指挥。

每逢周末，我们全家三口人坐在沙发上看电视时，遥控器都会被老爸控制着。他喜欢看乒乓球赛、车展等栏目，我却喜欢看少儿节目，如"奇思妙想""智慧树""银河剧场"等。这时候我自知看不到喜欢的节目，只好去自己房间写作业或玩玩具。星期天，如果爸爸去加班，我就可以"称霸天下"了。

今天是星期天，爸爸正好要去加班，听到这个好消息，我高兴地一蹦三尺高。爸爸终于走了，我急忙打开电视，调到中央电视台少儿频道，正好在播出我最喜欢的《虹猫蓝兔七侠传》。看着精彩的动画片，吃着美味的零食，喝着可口的饮料，我好不快活自在，简直要高呼自由万岁。这时才真是"猴子不在家，老虎称大王"啊！妈妈正在洗衣服，对我说看完这个动画片就写作业吧。我嘴里答应着，眼睛却没有离开电视。快11点半了，我还在看电视，猛听得防盗门的开门声，我立刻"啪"一下关掉电视，规规矩矩坐在沙发上。为什么？老爸就要进门了，想找抽啊？

现在，你明白了吧，这就是"猴子不在家，老虎称大王"的真正原因。爸爸虽属猴却掌控大权，我虽然属老虎却只得乖乖听他的指挥。我们家"猴""狗""虎"虽然小摩擦时常不断，却也其乐融融，令人羡慕。

孤独

　　孤独，是一道美丽的风景线，是一片属于自己的精神家园；孤独，是一种心灵上的契约，是一种融入世俗的美丽；孤独，是一种守望，是一种美丽的等待。孤独，唯有曾经孤独的人才能读懂，才能体会。

孤　独

徐浏葭

感 受 孤 独

暑假在众人的期盼中如约而至，这对众多小朋友来说无不是件大喜事。但是，有些时候，一些同学难免会感到一丝丝孤独，这也是人之常情嘛！因为大多数父母一般都没有假日，所以就不能陪伴在我们身边，只能自己做作业，看书，看电视……自然觉得无聊。就像我，现在一个人在家里，尽管做完了老师所布置的作业，完成了妈妈所吩咐的任务，仍觉得很空虚。总觉得周围有一股莫名的气息直向我袭来，甚至门外的一丝风吹草动都会令我心惊胆战。

学 会 孤 独

每当独自一人呆呆地望着天花板时，内心肯定会有无数个冲动：我想做只自由的小鸟，想做一条游动的小鱼，做一汪浅蓝的海水……但是现实不同于幻想，我只能自己去发现快乐，创造快乐，让各式各样的快乐去驱赶孤独，原来孤独的暑假也可以是那么多姿多彩，有滋有味。即使玩一个布娃娃，我也可以玩出许多种花样。我可以把平时对美的感悟全都在这个布娃娃身上体现出来，给它变变发型，换上我喜欢的衣服，让它脱胎换骨。这样我就在玩的过程中体验到了创造的快乐，而且刚才的孤独也早跑到九霄云外了。

感 谢 孤 独

我记得妈妈曾对我说过："一个人可以孤独，但是心却不能寂寞。"是啊，我深深地感受到，因为孤独，我才有足够的时间和空间去领悟生活，发现自己的缺点和不足。在孤独中，我慢慢地成长，懂得了感恩和回报，所以我学着去做一些力所能及的事情。一个人在等待中学会了做饭，扫地……父母下班回家时为他们端上一杯温热的白开水，为他们亲手递上拖鞋……

啊，孤独，真是一道美丽的风景线，是一片属于自己的精神家园；是一种心灵上的契约，是一种融入世俗的美丽；更是一种幸福的守望，一种美丽的等待。的确，唯有曾经孤独过的人才能读懂孤独，才能体会孤独。

美丽的家乡

王珣泽

我的家乡在博兴县，是山东省的一个县城。这里物产丰富，风景

孤
独

秀丽，有许多的旅游景点。

我的家乡有麻大湖旅游区。那里风景迷人，空气清新，每到夏天旅游旺季或是"五一""十一"小长假，人们争相来到这里，乘着小船，穿梭在碧绿的芦苇荡上。湖里的荷花开了，还有莲子，引得游人争着留影。河里的鱼和莲藕是人们的美食。

听奶奶说，这里以前可不是这样的，人们不保护环境，把垃圾倒进湖里，湖里的水散发出臭味，一到夏天，苍蝇蚊子满天飞，行人路过，都用手捂着鼻子。后来，人们认识到环境保护的重要性，如今岸边杨柳多姿，湖上芦苇茂盛、荷花清香，湖中鱼虾成群。大家都说，这里的美景胜似西湖。

家乡还盛产许多的土特产。比如，马大湖的鸭蛋，柳编、草编工艺品，连外国人也来这里争购。还有老式的手工织布机，织成的老粗布都是纯棉的，不管是做成衣服还是做成床单，都又亲肤，又漂亮，让你爱不释手。奶奶说，以前没人喜欢这些东西，现在好了，奶奶的手艺又拾起来了，而且还有可观的收入。用奶奶的话说："老太太也能挣外国人的钱了。"

过去狭窄拥挤的街道不见了，取而代之的是宽阔整洁的马路；过去低矮的破烂房子也不见了，人们都住上了高大漂亮的楼房；出门代步的，也是各式各样的汽车了。

看！我的家乡变化多大呀。我们还要好好学习，将来把家乡建设得更美丽更富饶。

牢记国耻，珍惜现在

——《太行山上》观后感

倪之尧

为纪念抗日战争胜利七十周年，弘扬伟大的爱国主义精神，学校组织全体师生观看了《太行山上》这部反映我国人民"守土抗日"的电影。

影片主要讲述了1937年日军全面侵华后，八路军东渡黄河，挺进抗日前线，建立太行山根据地的艰难而光辉的历程。

看了这部影片，我的心情久久不能平静。我们的战士在没有子弹的情况下，用刀与敌人做着斗争，一个个地向前冲，根本不惧生死。只有这些钢铁筑成的军队才能把敌人打败。我们现在的生活真是来之不易，是战士们用自己的鲜血和生命换来的啊！21世纪的我们是多么幸福啊，我们有宽敞明亮的学习环境，有和平稳定的社会氛围，有时刻关爱我们的老师、长辈，我们还有什么理由不好好学习呢？妈妈常说我是温室里的花朵，我还时常不服气地拍着胸脯说："不，我是男子汉！"看了电影以后，我还真有点儿不好意思，我这才知道，什么样的人才是真正的男子汉啊！曾经我因为不小心摔了一跤而哭泣，我因为感冒牙疼而流泪，我因为削笔伤了手而喊疼……这一切跟英勇无

071

孤独

畏的战士们比起来，是多么微不足道啊！我抚摸着胸前用烈士的鲜血染成的红领巾默默地告诉自己：牢记国耻，珍惜现在，永远不能忘记那些为今天的幸福生活而牺牲了自己生命的勇士们！烈士叔叔虽然离开了我们，但他们的精神将会永垂不朽，将会时时鞭策我们——努力学习，振兴中华！

乡间的秋天

李一苗

不知不觉秋天已经来到了人间。

看，瓦蓝瓦蓝的天空中一群大雁正往南飞，领头雁"嘎嘎"地叫着，像是在说："天气凉了，我们要飞到南方去过冬了。"

田野里，金黄的稻子成熟了，秋风吹来，稻子摇来摇去，像海洋里翻腾的波浪，真惹人喜爱。乡间的秋天是金色的！

果园里的苹果熟了，像小姑娘那一张张羞得通红的脸；黄澄澄的鸭梨上面小，下面大，仿佛是一个个金葫芦；红彤彤的柿子高挂在枝头，好似节日的灯笼；石榴笑破了肚子；杜果乐弯了腰。乡间的秋天是甜甜的！

梧桐树上那黄中带绿、绿中透黄的叶子被风一吹，像一只只断了线的风筝，打着转飘落下来，贴在地面上。远远望去，那仿佛就是画家用彩色的画笔给大地画了一层花地毯。乡间的秋天是多彩的！

枫叶红了，菊花、桂花盛开了。瞧，枫叶从东红到西像着了火。

菊花，更是大显身手，它们形状不同，颜色各异，白的像雪，黄的似金，粉的若霞。那别有特色的"龙爪菊"像无数缕喷泉，又像是小姑娘的卷发，还有那"金丝菊"，像节日的礼花。对了，这么美好的季节里，怎能没有桂花的装扮呢？请看，小小的黄花藏在绿叶间，散发出来的香味是令人陶醉的。乡间的秋天是香香的。

草地上，小草已经枯黄，见不到往日的野花。可另有一群花在盛开：一群穿花花绿绿毛衣的小朋友围在一起，欢乐地唱啊，跳哇。

我爱秋天，我更爱乡间的秋天。

老爸病游记

马行意

游"清明上河图"，不是在图画上，是一个旅游景区。

老爸虽是身体不舒服，但还是兴致不减地陪着我。他在路上一边玩一边捂着腰，我还是有一点儿担心，所以就算是非常有名的杂技表演《汴梁一梦》，我都没心思好好看，那么多有趣的建筑物，在我当时看来只是一座座空荡荡的房屋。

下午是游玩广州街和香港街，老爸担心病情加重，就待在车上不去了，让我和妈妈去。这里有许多优美典雅的建筑，身在其中，仿佛是真的走在香港、广州，心中很是喜欢。据介绍，曾经有四百多部影视作品在这里拍摄过呢。在这里还有许多模仿表演，《枪战》《黄飞鸿劫法场》《怒海冲锋》，都让我们惊叹不已。可就在观看压轴演出

《怒海冲锋》的时候，导游过来告诉我们老爸又发病了。

妈妈拉着我的手急急忙忙跑出园子。上了车，见老爸全身都被汗水湿透了，正痛苦地呻吟着。我们离开景区，需要八个小时才能到家。

在许多朋友的帮忙下，我们上了车，老爸先是呻吟，后来是叫喊，痛哭。车上的团友都很疲惫，可是没有一句怨言，大家都热情地帮助我们。后面的阿姨帮着老爸把椅子调了下来，前面的阿姨拿了一块干净的毛巾递给老爸，有个阿姨把自己的风衣给老爸穿上……一直熬到萧山服务区，老爸实在撑不住了，我们又一次拨打了120。一车的人，玩了两天已经很疲惫，可是都陪着我们站在夜色下焦急地等待。有的关切地问妈妈身上钱有没有带够，有的一遍一遍地打电话到处咨询，告诉我们离这儿最近的大一点儿的医院是杭州的邵逸夫医院……过了三十分钟左右，救护车终于来了，大家簇拥着我们上了救护车，在夜幕中挥手道别。

在车上，那个医生一直在安慰我，安慰老妈，没有半点儿不耐烦。到了医院，还主动把三百多元的车费减掉了一大半，说在外面看病哪里都需要钱。妈妈问他的名字叫什么，回头好把钱再汇给他，可他怎么也不告诉我们，让我们安心去看病。在医院我老爸刚躺下一会儿，妈妈同事已经联系了他在杭州的朋友，从很远的地方赶到医院来看望我们。这时已经9点多钟了，我们都还没有吃饭，他为我们买了许多蛋糕、饼干、水果等，陪着妈妈一起为老爸做B超，楼上楼下地跑，帮了我们好多忙，直到11点才走。我们在医院附近找了一家旅店住下，第二天早上，老爸身体还是不太好，杜冷丁都没能彻底止住疼痛，但我们必须赶回扬州。我们来到汽车北站，坐上了去扬州的汽车，回到了扬州，一路上还算幸运，没有出现状况。

这次旅游太波折了，但是让我真切地感受到了人间的真情：车上的游客、妈妈同事的朋友、120的医生、宾馆的老板……都让我知道，人间处处都涌动着爱的暖流，只要你善于发现，你会发现你的身边充满了爱！

都是战斗陀螺惹的祸

张智旋

近几天，同学们都买了战斗陀螺玩，可唯独我没有。看到同学们的战斗陀螺在竞技场上屡屡得魁，我真是眼红极了！

这几天我一直央求爸爸给我也买一个战斗陀螺，可是爸爸怕影响我学习，坚决不同意。哎！为了这个战斗陀螺，我真是茶不思，饭不想，连做梦都想要。

爸爸不给买，怎么办呢？我突然想起爸爸的外衣口袋里经常装着一些钱，爸爸平时又不太注意。不如趁着爸爸不注意，从爸爸口袋里拿点儿钱自己去买。可是我又想到老师说过：不经别人的同意，随便拿别人的东西是不对的。想到这里，我有些犹豫了。但是我太想买战斗陀螺了，再说儿子拿老爸的钱也不算是偷吧？于是，我就趁爸爸不注意，偷偷拿了五元钱。

下午，爸爸把我送到学校门口后，我就到对面的商店买了一个我想念很久的战斗陀螺。在课间活动的时候，我和同学们玩得非常高兴，整个一下午我觉得我是世界上最快乐的人了。

放学回到家，我观察到爸爸妈妈没有什么变化，也就放心地到自己房间做作业去了。突然，爸爸"砰"地推开门，把我吓了一大跳，我赶紧站起来，看到爸爸那张可怕的脸，我的心里好像有一只小兔子在跳，特别害怕，难道是爸爸发现我拿他的钱了吗？

只见一向脾气很大的爸爸阴沉着脸问："牛牛，你今天从我的衣兜里拿钱了吗？"

看到爸爸这样子，我真的害怕起来，支支吾吾地说："我、我没、没有……"

看到我这个样子，爸爸没再问什么，而是拿起我的书包往床上一倒，"哗啦"，满床都是书和本子，战斗陀螺也现出了"原形"。爸爸一把揪过我来，朝着我的屁股狠劲地抽打，一边打一边吼道："好的不学，倒学会偷钱了，我叫你不学好！"疼得我"哇哇"大叫喊妈妈。妈妈听到我的哭声赶紧从厨房跑过来，一把抱住我，冲着爸爸嚷着："有你这么教育孩子的吗？只知道打！"

结果，爸爸妈妈又吵起来。最后爸爸吵不过妈妈，出去喝酒去了，一直喝到晚上12点，才醉醺醺地回来，而我也听到妈妈悄悄地哭了一个晚上。

晚上，我躺在被窝里，一边哭一边想：爸爸妈妈也挺不容易的，爸爸每天骑着三轮车给人家送矿泉水，妈妈是个纺织工人，经常上夜班，他们工作都很辛苦。虽然挣钱很不容易，但只要是与学习有关的东西，他们都会毫不犹豫地给我买来。爸妈是非常爱我的，而我却为了一个战斗陀螺，去偷爸爸的钱，真是太不应该了！而且因为我还引起了爸爸与妈妈之间的一场战争，闹得全家都不愉快。

唉！这都是战斗陀螺惹的祸！等天亮了，我要向爸爸妈妈承认错误，向他们保证今后不再犯同样的错误了！

捡起一片垃圾，收获一份文明

苑昕景

今天的天空格外蓝，空气格外清新，阳光格外灿烂。在这风和日丽、万里无云的秋日，为了更好地保护好我县的环境，为了不让"白色垃圾"污染我们的家园，我校举行了一次文明大行动，成立"文明志愿服务小分队"，去黄山上捡垃圾。

近几年，我县经济飞速发展，去年又争创了全国卫生县城。可是经济和旅游业的发展给我们环境带来的破坏却不容忽视。

来到黄山上，各式各样的垃圾随处可见，我的心在隐隐作痛。扔垃圾的人们啊！难道你们还没有感觉到破坏环境的坏处和别人对你们的谴责吗？你们扔得倒轻巧，扔得倒痛快，可是你们想过后果吗？如果没有扔垃圾的人对环境的破坏，还用我们浪费宝贵的时间来捡垃圾吗？这些人正如法国社会学家蒙田说的那样："我们已经背弃了大自然，她曾那样准确恰当地为我们指路，而我们却想用她的教导来教训她。"

已是正午，天空中那热辣辣的太阳烤着那些各种各样的垃圾，散发出一股难闻的气味，仿佛是在惩罚那些人的所作所为。"爱护环境，人人有责"这是一句最熟悉不过的话了，可又有多少人去仔细考虑过其中的道理？如果我们每一个人都能从我做起，从现在做起，不乱扔垃圾，不破坏花草树木，"保护环境"就不是一句空话了，那将是人类社会文明进步的标志。

一次难忘的旅游

管怡童

我乘车旅游过很多次，但这么悲催地旅游还是第一次。

那天，早上6点40分出发，中午11点半到达安吉的中南百草原。在里面我们看见了许多可爱的动物，还有一望无际的紫竹林、碧绿的草坪、叫不出名字的珍稀树木……这一切都让我兴奋不已！可就在刚刚结束准备启程到横店的时候，老爸忽然一声不吭，脸色很难看，捂着腰，说是肾结石发作了，接着就蹲在地上一次又一次痛苦地呕吐起来。

老爸好像越来越疼了，他跟前面的导游换了座位，几乎是趴在废物桶上，不停地吐。老爸已经不再是平时的老爸了，两眼无光，衣服就随便地耷拉在身上，连站都站不稳。他趴在椅子上，满头满脸都是汗水，一边痛苦地呻吟，一边捂着左腰。后面的阿姨帮老爸把椅子向后推了推，说这样躺下来会舒服一些。车在高速公路上飞驰，听着老爸痛苦的呻吟，看着妈妈焦急无奈的神情，窗外的风景都黯然失色，路程变得那样漫长、难熬。

傍晚时分将要抵达横店时，导游跟大家说把先把我们送到宾馆安顿下来，然后再带着大家去参观江南水乡里的压轴节目暴雨山洪。我一听，天啊，那我今天岂不是看不到了！妈妈看出了我的心思，说："你跟导游阿姨去吧，这儿有我就行了，没事。"车上的团友也都热情地拉我去。我心想怎么能因为一场好看的节目，就丢下老妈一个人在这里照顾老爸呢。想了一会儿，我否决了，而且装着很轻松的样子安慰老妈："没事，看不看无所谓，真的。"

我们在度假村住了下来，妈妈挽扶着老爸进了房间，让老爸进浴室泡了热水澡。一番休息后，爸爸感觉好多了，说他不疼了，居然还提出想出去买点儿西瓜吃。我们就一起到小镇街上转悠了一下。就这样，我们还算安宁地度过了一个晚上。

唉，这样的旅游你经历过吗？

鹦鹉也疯狂

江海蓝

看到这个题目，你一定会大吃一惊，因为人才会疯狂，怎么鹦鹉也会疯狂？要说这事呀，还得从我家养的那两只鹦鹉说起。

序　幕

清早，我哼着歌照例来到阳台上，慰问笼子里那两只可爱的鹦鹉。那只虎皮鹦鹉，身披虎皮纹的战袍，头顶上有一块黄斑，就像一顶王冠。不用说，它就是一家之主——公鹦鹉。看见我来了，它兴奋

孤
独

地拍打着翅膀，等着我喂它美味佳肴。咦？母鹦鹉怎么没在，去哪儿了？我围着笼子仔细找了找，哦！原来在它自己的小窝里。它在干吗呢？我打开小门，惊奇地发现它周围有被啄破的鸟蛋。是谁这么可恶，难怪母鹦鹉待在里边不出来，可能是在伤心吧！我生气极了，急忙叫爸爸快来看，爸爸也是个忠实的鸟迷，所以闻声就冲到了阳台上……

发　展

经过一番仔细的调查分析，爸爸好像找到了答案，他说："这只母鹦鹉最近老在脱毛，原本乌黑发亮的眼睛变得无精打采，可能是生病了。它怕孵出的小鹦鹉会被传染，所以把蛋啄破了。""胡说八道。别听你爸爸乱说。"不知什么时候，妈妈也来到了阳台上。"那你说是怎么回事？"看来爸爸很不服气。"我说呀，肯定是母鹦鹉一个人在里边生蛋孵小鸟孤零零的，没人关心它，所以它一生气就把蛋给啄破了。""哈哈，洋洋，听懂你妈妈的意思了吗？她是在埋怨我们没有陪她逛街。""哼，我才懒得跟你们说。"妈妈头也不回地进屋了。

高　潮

哎，爸爸妈妈的解释我都不满意，看来还得靠我自己，于是我开始行动了。

我先把啄破的鸟蛋清理掉，开始观察母鹦鹉如何对付剩下的鸟蛋。这时，只见母鹦鹉用她的脚爪子使劲压住一个鸟蛋，蛋碎了。接着它用那钳子似的尖嘴又啄破了一个蛋。当它发现还有一个蛋时，居然挪过去，坐在上边，一屁股没坐稳，蛋又破了。"哈哈，原来是这样！"我兴奋地叫起来，因为我知道这些蛋为什么被啄破了。

尾　声

原来，鹦鹉也跟我们小孩子一样爱玩，它把蛋当作了玩具，蛋不破才怪。哈哈，原来鹦鹉也疯狂！

美丽的东湖公园

石　澜

这个双休日，爸爸妈妈带我到东湖公园欣赏美景。

东湖公园，在我们这里可是风景极佳的地方，更是诗意满满的地方。

我们走进东湖公园，首先映入我眼帘的是一片绿油油的草地。草地上还绣着几朵小花，有绿的、蓝的、红的、黄的……五颜六色，美丽极了！

往前走几步，一阵凉意扑面而来，抬头望去，原来我们来到了东湖边。放眼望去，湖水碧绿，在阳光下就像一块闪闪发光的绿宝石。一些游人在湖上泛舟，他们个个兴高采烈，有的欢快地唱着歌，有的高声谈笑，有的沉醉在美丽的湖光水色中，有的……真是"舟行碧波上，人在画中游"。看到这般美景，我不由想起明朝陈琛写的那首《泛舟》："莲塘有草两岸清，天地无风一水平。自在小舟吾自乐，

孤
独

耳亦鼓吹任蛙鸣。"

　　碧波粼粼的湖面上架着一座回旋别致的九曲桥。我们顺着九曲桥来到了祈风阁。登上阁顶，全园胜景及周围风光尽收眼底：祈风阁的一角是有名的"百果秋园"，上百种的果树一览无遗，让我们仿佛在果实的海洋里穿梭而行；"紫荆花径"则是祈风阁区域的另一处景色，那粉红色紫荆花好像不时在向我们招手致意，只要闭上眼睛，轻轻地吸气，就能感觉到紫荆花所散发出来的花香，令人仿佛置身于世外桃源。

　　东湖公园的美景令人陶醉，真不愧是泉州十八景之一。

我 的 心 愿

郝佳男

　　在我很小的时候，就听说世界上每四年要举办一次大型运动会。但那时我还小，很幼稚，只喜欢看动画片，加上对奥运会还不太了解，也就并没有观看过。

　　可去年电视上播奥运会时，爸爸妈妈都在看。我也凑过去，一看，啊！你看上面那个大哥哥正在举重哩！结实的肌肉，组成了他强大的身体，真是健美极了！然后，接二连三的"胖叔叔""胖哥哥"都出来比赛了。咦？又出来一个做健美操的……渐渐的，我开始喜欢奥运会了。

　　奥运会上的项目可多了，有游泳、吊环、赛跑、田径、女排……

说也说不完。特别是刘翔哥哥，他在上次雅典奥运会上，出乎我们的意料，以惊人的速度获得了冠军。还有中国女排，也得了冠军。他们为中国争得了荣誉！这些都是十分值得我们学习的，作为一名中国人，中国得了冠军，我能不高兴吗？何止高兴，我为祖国而感到骄傲和自豪。可能因为上面的哥哥姐姐们感染了我，我那幼小的心灵里逐渐有了梦想：长大了也去参加奥运会，为祖国争光。

每当我国五星红旗在奥运会上冉冉升起时，我的心情就无比激动，伴着国歌的节奏，我的眼泪像断了线的珠子一样往下掉。特别是这次2008年奥运会是在我国的首都——北京举行。作为中国人，祖国申请举办奥运会终于成功，我感到非常高兴，非常激动。能在我国举办奥运会，这是每一个中国人都无比兴奋的事。我国运动员在自己的国家比赛肯定会赛出好成绩。我决定从现在开始，身为一名学生，就算不为我自己，也要为祖国发奋图强。就算参加不了奥运会也要参加各科的竞赛，取得好成绩，为祖国争光。

想使祖国更富强，需要我们大家共同努力，齐心协力。祖国早日成为世界第一强国，这是我最大的心愿。

083

采荷的秋天

郑家楠

杭州是一个美丽的城市，到处都像一幅幅美丽的图画，可你要问我最喜欢的是哪幅图画，我会毫不犹豫地说，我喜欢采荷，因为这里

孤独

的秋天最迷人。

清晨，我踏着幽静的小路来到公园里。桂花开了，有金黄的、银白的……桂花姐姐穿着金色的衣服，好像在和我们说"大家好，我给大家唱首歌"。树叶沙沙，桂香甜甜，我似乎听到了桂花醉人的歌声。不信，你看每个走在花香中的人们都露出快乐的笑容，停住了脚步。

天，那么高，那么蓝；空气，那么鲜，那么甜。几朵白莲花般的云朵飘浮在天空。天底下是令人喜欢的荷叶，那圆圆的荷叶，翠绿的颜色，明亮地照在我们的身上，非常舒服。荷花谢了，一株株的莲蓬却挺立在水面，显得格外精神。偶尔还会发现小鱼，那些鱼小姐也不甘寂寞，它可爱的红嘴唇不时从水里吐出一串串珍珠般的气泡，向大家问好。

采荷有很多高大挺拔的树，它们像士兵似的并肩站着，树干上满是疙瘩，我觉得像是老人的眼睛，一副饱经风霜的样子，但它们叶子却是年轻的，一片片绿得可爱，绿得可亮，摸上去滑溜溜的，就像涂了层蜡。一阵风吹过，他们乐得手舞足蹈，东摇西摆。

晚上采荷的灯亮起来了，光闪闪的，像天上的星星。秋天的夜晚有些凉，可采荷的夜晚是温暖的。每家每户的灯都亮了，橘黄的光从窗户中透出来，饭菜的香味也从窗户中飘了出来。大人、小孩儿围坐在一起，这是全家最快乐的时候。公园里可热闹了，许多老人早早地吃完了饭，成群结队地开始了晚锻炼，有跳舞的，唱戏的，谈天说地。那些小狗欢快地跟着主人跑前跑后，他们知道这是他们自由的天地。

这就是采荷的秋天，我喜欢采荷。

秋

吴 丹

秋，悄悄地来了，来到了田野，来到了菜园、果园，来到了农家院。整个大地，在秋风的催促下换上了秋装。

田野里，大豆鼓着将军肚，任喜气洋洋的农民们挥镰收割；那黄澄澄颗粒饱满的谷子，迎着秋风笑弯了腰，不时掀起阵阵金浪；高粱大汉好像在蟠桃大会上喝了个酩酊大醉，来回晃动着总也站不稳……远处的收割机也在唱着欢快的歌，仿佛要把收获的喜悦都歌唱出来。

菜园里，碧绿的丝瓜像一位位窈窕淑女，在展示着自己苗条的身材；冬瓜妈妈们身上都披上了一层薄薄的白纱，静卧在地上仿佛进入了梦乡；胖胖的茄子夫人穿着一身光亮的紫旗袍，好像正准备去赴什么宴会；辣椒姑娘羞红了脸，藏在叶子后面只探出半个脑袋。

走进芳香扑鼻的果园，且不必说那黄澄澄的大鸭梨压弯了树枝，红红的苹果像小灯笼挂满枝头，单说那绿色走廊一样的葡萄架，就够人们陶醉的了。啊，迷人的葡萄架啊，多么幽静！茂密的枝蔓爬满了架子，又大又绿的葡萄叶下，挂着一嘟噜一嘟噜紫黑、溜圆、晶莹的"珍珠"，放在嘴里一咬，汁水像蜜一样甜，一直甜到心里……

农家小院里更是热闹非凡，玉米棒调皮地爬上了墙头；白胖的花生宝宝们静静地躺在院子里晒太阳；小小的芝麻不时地从壳里"叭

"叭"地爆出来……

啊！秋天，你饱蘸了世上最浓烈的色彩，你散发着世上最诱人的芳香。你曾使得多少人激情难抑，为你挥笔作画，为你引吭高歌，但又怎能画得穷、画得尽呢？

第一次给妈妈洗脚

王建红

你摸过妈妈的脚吗？你给妈妈洗过脚吗？一想起妈妈的脚，我的心里仍然热乎乎的。

那天晚上看完电视，大约9点了，我拉着妈妈走进了卫生间，神秘地说："妈妈，你坐下，把眼睛闭上，我让你睁开你才能睁开。"妈妈大惑不解地问："你在捣什么鬼呀？""妈妈别急，待会儿就知道了。"

等妈妈闭上眼睛，我悄悄地往盆里兑上热水，放在妈妈的双脚前："妈妈，睁开眼睛吧。"妈妈睁开眼睛，好像明白了什么。没等妈妈说话，我抢着说："妈妈，今天女儿要给您洗一次脚。"妈妈听了，又惊又喜："我的女儿长大了，妈妈可以享女儿的福了。"

我帮妈妈脱下鞋，又轻轻地脱下了袜子。这时妈妈却不肯让我洗了，说："我的脚太脏了，不洗了，不洗了，我自己洗吧。"说着就要穿鞋。我手疾眼快，一下子把鞋抢到手里，恳求地说："妈妈，就让我给您洗洗脚吧，我还从来没有给您洗过脚。"在我坚持下，妈妈终于把两只脚伸了出来。这是一双怎样的脚啊！脚背上的青筋依稀可见，脚趾甲的颜色也不如我的鲜艳。也许是忙吧，脚趾甲没有及时剪，都扎进肉里了。摸摸脚底，脚后跟又粗又硬，这是老茧吗？

我用手试了试水温，不冷不热正合适。我把妈妈的双脚浸到水里，耐心洗着，洗着，生怕弄痛了妈妈那双写满"辛苦"的脚。冷热适中的清水在妈妈的脚背上和我的手上缓缓地流淌，发出好听的声音。

脚洗完了。我拿起毛巾，小心翼翼地为妈妈擦去脚上的水。当我抬头看妈妈时，发现妈妈眼角亮晶晶的。

浑水捉虾

邵新宇

087

暑假的一天中午，烈日高照，马路上难得有几个人，连马路上的柏油也给晒化了，空气中充满了热气，让人不敢出去。

平常的时候，中午我一定在打呼噜；可是今天为了遵守诺言，我冒着烈日和刘霄一块儿去找邵朔朔。

在老地方，我们找到了早已等不住了的邵朔朔。成员已齐，我们哼着小曲，一路欢声笑语来到桥洞下捉虾。此时，我才发现，其实水不那么深，只到膝盖那里，浑浊的河水中站着洗衣服的大伯和大妈们。我们立刻下水捉虾，桥洞里本来很凉，站在水里就更凉快了。水流有点儿急，我们站在哗哗的河水之中，可真有点儿站不稳。我们小

孤独

心翼翼地探着步，生怕滑倒，很快，我们便顺利地走了过去。瞧！那就是虾，毛毛虫那么大，乌黑乌黑的身子，很利于躲藏，可因为它背上有一条雪白的线，还是暴露在了我们的视线之中。虾虽好找，可十分难抓，它在你将要抓到时会闪电一般弹走。过了老半天，我不仅没抓着，反而溅了一身水。我怒火冲天，回头一看，刘霄却乐滋滋的，因为他可抓了不少。我很纳闷儿，便静静地看着他。只见他蹲下身，找了一会儿，忽然，他像发现了什么，把两只手并紧，好像一个勺子般，然后猛然一合，瞬间捕到一只小虾。我这下可找着方法了，我学着他的样子一合，咦！怎么一只也没！原来，这虾早已在我手掌合拢之前闪电般溜了。我不甘心，又学着他的样子使出九牛二虎之力猛地一扑，只听"哗"的一声，溅起重重水花，此刻，我感到手心有什么在跳。我抓到了，我抓到了！哈哈哈，我太高兴了，真想跳起来！

——桥洞里回荡着我的笑声。

088

迷人的星空

吴　翔

晚饭后，我坐在院子里，仰头看满天的繁星。晴朗的夜空，星光闪烁，我因这密密麻麻的繁星陶醉了。

深蓝色的天空，星光灿烂。真像一个巨大的棋盘里布满了棋子。它们像一群调皮的孩子，不时地向我眨眼。星星啊，你在用你的语言和动作向我问好吗？

放眼望去，漫天的星星似乎显得很乱，但你仔细一看，就会发现，它们在天空各有各的位置，组成了各种各样有趣的图案。

　　你看北边天空的那个猎户座，多像一个猎人，手举棒子，弯腿弓腰，上身前倾，领着凶猛的猎狗在与金牛打架！你再看东边那几颗星组成的眉清目秀的姑娘，手拿麦穗，好像正在享受丰收的喜悦呢！还有许多星座，它们有的像勺子，有的像骏马，有的像恶狼……它们把天空点缀得格外美丽。

　　望着美丽的星星，我想起了奶奶说过的话："地上有多少人，天上就有多少星。每个人都有自己的星。心地善良和对人有贡献的人的星亮，坏人的星暗。"奶奶是一个好人，全村的人都这么说，哪一家哪一户没有受过她的关爱？从孩子的出生，到老人的离去，奶奶都是全村最忙的人。可惜，奶奶走了，在一个漫天繁星的夜晚。唉，奶奶走的时候，却没告诉我，这漫天的星星，就是她自己啊！

　　我不晓得人和星星的暗与亮有没有关系，如果有关系，我一定要做一个心地善良的好人，让我那颗星星亮，把光无私地献给人间。

089

美丽的古运河

管怡童

　　说到天下的大江大河，自然很多。长江黄河的壮美自不必说，即便是家乡的小河溪水，我也都能如数家珍，说出它的迷人之处。然而我今天要说的不是什么闻名天下的江河湖海，我要说的是我家乡的古

孤独

运河。古运河，它不仅有悠久的历史，更有迷人的风景。

这风光秀美的古运河就是我们扬州的母亲河，更是扬州人的骄傲。

我们先来整修一新的运河堤岸吧，这里最是让人赏心悦目。你看，长达三公里的河岸上，三步一桃，五步一柳，沿岸向远处延伸，长长的枝条垂落下来，拂着水面，微风吹过，柳枝轻盈地摇曳着，显得格外婀娜多姿，真是一幅"两岸花柳全依水"的诗境。

一望无际的运河河面上，阳光丽日，风平浪静，银光点点，波澜不惊。河面像是一面硕大的平面镜正反射天光云影，这是仙女在此梳洗打扮吧！突然，一阵清风吹过，吹皱一河春水，也打破这面大镜子，一圈圈涟漪悠悠地荡漾开去，波光粼粼。河面上有时会有运输船只驶过，溅起水花，波浪轻轻地拍打着堤岸，"哗哗"声像是诉说着古老的故事。雨天，河面便笼罩在一片烟雨朦胧之中。夜色下的运河，静悄悄的，呈现出她静美的一面，像一个古典美人。

面对迷人的运河，我不由得想改写一位诗人的诗句："水光潋滟晴方好，湖色空蒙雨亦奇。欲把运河比西子，淡妆浓抹总相宜。"

八戒减肥

张 勇

话说唐僧师徒四人取回经后，猪八戒成了净坛使者，净坛使者是专门"打扫"庙里供品的。每次庙里的供品他都能一扫而光。这样，八戒的肚子越来越大，身体也越来越臃肿了。八戒想："我这样吃下去也不是办法，有损我老猪在人间的可爱形象。如果有一种能让我变瘦的法术那该多好呀！这样的话，我就上得厅堂，下得厨房了。对了，我大师兄神通广大，肯定有这种法术！"说完他吃力地驾起云，扛起钉耙，去花果山找斗战胜佛——孙悟空。

"呼哧……呼哧……"猪八戒气喘吁吁地赶了一天路，才来到花果山。他忙不迭地向孙悟空请教减肥法术。孙悟空慢条斯理地说："法术嘛……要先看看你的表现，如果你有耐心，有勇气，我可以考虑教你……"猪八戒听了这番话，决心让猴哥看看他的忍术。

八戒赶紧回到人间，第一天什么也不吃，可是到第二天就受不了了。忽然，他看见报纸上说有一种可以减肥的药物，就照着上面的地址找到了那家似非减肥公司，减肥公司门口的推销员亲切地说："先生！要不要使用本公司的减肥胶囊？吃了包你马上变瘦。"八戒问减肥胶囊要多少钱，推销员说："不贵，才一千二百元，小意思。""哇！这么贵，我为师父干一个月才五十元，我要存多久才有这么多钱？"八戒垂头丧气地走了。

想到师兄弟之约，猪八戒就来到一家工地做苦力。平时好吃懒做惯了，又挺着个大肚子，因此每次搬砖都是笨手笨脚的，手上也起了血泡，但是，老板还是嫌他不会干活，不到一个月就把他开除了。后来，八戒又去了四家工地做苦工，但都没干满一个月就被"炒鱿鱼"。每家公司都只给他三百元最低工资，但加起来也总算可以买减肥胶囊了。

当八戒兴冲冲来到那家似非减肥公司时，公司已经倒闭了。猪八戒想，天不助我，还是好好犒劳自己，饱餐一顿算了。于是，他来到一家饭店门口，谁知，饭店门口的镜子里映出了他瘦瘦的身子，真是难以置信，八戒看周围没人，才相信自己没做白日梦，镜子里的瘦八戒正是他自己。猪八戒高兴得饭也顾不上吃了，飞速跑到悟空家。

孙悟空见了猪八戒，也大吃一惊："二弟，你还真是'士别三日，当刮目相看'。老哥建议你赶紧开一家减肥公司，你只要往门口那么一站，保你财源滚滚！"猪八戒想了想，说："老哥说得有道理。"

八戒立马开了一家减肥公司，果然顾客盈门。那些想减肥的顾客看见了猪八戒，就笑嘻嘻地说："八戒，连你都能减肥，我们还会减不了肥吗？好样的，你是最好的活广告！"

就这样，八戒开的减肥公司生意兴隆，连如来佛祖也动心了……

雪

崔梦超

092

今天早晨，我正在专心致志地听老师讲课，不经意地朝窗外一看，呀，下雪了！我兴奋得心都快蹦出来了：这可是入春以来的第一场雪啊！我怎么能错过呢？对！下课后，我一定痛痛快快地大玩一场。

"丁零零……"下课铃终于响了，我和几个男同学一窝蜂似的涌出教室，迫不及待地赶向操场。到了那儿，只见洁白晶莹的雪花纷纷扬扬地飘洒而下，好像有人在天空中撒了湿漉漉的绵白糖似的，还伴着淅淅沥沥的小雨。不一会儿，雨停了，只剩下大片大片的雪花在漫天飞舞。随着狂风的呼叫声，我猛然感到空中所有的雪花都向我袭来，迫使我闭上眼睛去回避它们。过了二十秒左右，我勉强睁开眼睛，觉得自己身子凉丝丝的，往衣服上一瞟，啊，我都快成"雪人"

了!

　　感受着这一切，我忍不住伸出双手去接雪花。可它们好像在跟我捉迷藏，一触到手心便立刻消失，怎么也找不到了。这时我诗兴大发，不禁学着古人的样子吟咏起诗句来："一片两片三四片，五六七八九十片。千片万片无数片，飘落手心总不见。"我又突发异想：这么纯洁的雪花，一定与雪糕一样美味，我得尝一尝。这样想着，我便抬起头，张开嘴，朝雪花飞来的方向跑去，把好几朵雪花连连吞进肚里。但是，我想错了，雪花根本没有我想象中的那样香甜可口，而是淡而无味的。可是我依然觉得非常欣慰，因为我尝到了今年第一场雪的滋味。

　　"丁零零……"一阵上课铃声打断了我的思绪。我多么想再玩赏一会儿啊，可惜已经没有时间了，只好依依不舍地跑向了教室……

093

虚惊一场

林宇倩

　　今天下午，我到超市买了自己喜欢吃的香喷喷的油炸鸡翅。我用双手捧着，边走边美滋滋地想：哈哈！这下我又可以津津有味地品尝美食了！

　　可是，刚走到离家不远的周伯伯家门前，"呼"的一声，不知从哪里蹿出来一只凶巴巴的狗，它直愣愣地瞪着我，朝我跑来。看样子，是我手中的鸡翅吸引了它。"妈呀——"我惊叫一声，撒腿就

孤
独

跑，差点儿把美味的鸡翅给扔掉。我拼命地跑着，可这头可恶的狗也一个劲儿地追呀，追呀。我毕竟没它跑得快，眼看就要被它追上了，这时，我急中生智，连忙来了个三百六十度的急转弯，想把这只讨厌的狗甩掉。可没想到它追得更紧了。这下我真的没辙了，站在那儿，又是跺脚又是摇头，为自己壮胆。可这只不知好歹的狗就是围着我乱嗅，吓得我惊慌失措地把鸡翅扔向了这头"恶狗"。

就在这时，周伯伯出来了，见状连忙对我说："倩倩，你不用怕，它不是恶意的。你越是跑，它越会追，只要你蹲下，它就会若无其事地走开的！"说完，周伯伯忙用特殊的语言，向他的爱犬打着招呼，那"恶狗"果真乖乖地回去了。

可惊魂未定的我失魂落魄地进了家门，心里仍像揣着一只小兔，怦怦直跳，脑海里不时浮现出刚才发生的情景……

094

我找回了春天

　　我站在被风劲吹的枝头，我的眼里却没有春的影子。远处，几个小朋友在向我走来，他们也是找春天的吗？"找到啦，在那儿！"原来他们是在找桃子，我被一个馋嘴的小朋友摘在手里："好大的桃子啊，真香！"

我找回了春天

章雷磊

"我们的祖辈生长在一个有春天的地方,由于我的无知,才来到这荒芜的山上。孩子,我多年的努力才孕育出了你,所以,你的使命只有一个,替我找回春天。"当我就要成熟的时候,妈妈这样嘱咐我。

作为深山里的一枚桃子,我只好听从妈妈的安排,踏上寻找春天的路途。

我站在被风劲吹的枝头,我的眼里却没有春的影子。远处,几个小朋友在向我走来,他们也是找春天的吗?"找到啦,在那儿!"原来他们是在找桃子的,我被一个馋嘴的小朋友摘在手里:"好大的桃子啊,真香!"

我跟着他们来到了他们的家,我整个的身子被放在盆里一点儿一点儿地清洗。"咔嚓",我又被送进了嘴巴里。"真甜!"小朋友一边咀嚼着我的肉,还一边在夸我。就这样,我身上的桃肉全都进了小朋友的胃里。

我的身子只剩下桃核了,我被小朋友种到一片温暖的土壤里,我感到清爽了很多。于是,我就睡着了。等我醒来时,我感觉很冷。这时,我听到了蚯蚓的谈话:"哦,冬天来了。等雪融化尽时,春天就会来了。"怎么，春天还没有来，难道我以前见到的还不是春天吗？不久，天气温暖了，我顶开坚硬的外壳，把头伸出了地面。哦，到处是鲜花。我羡慕极了，我问它们："你们怎么开花了？"

"因为这是春天啊！"

"我什么时候也会开花呢？"

"哈哈，当明年春天来临时，你也会为人间奉献鲜艳了。"

哦，这里真有春天，现在就是春天了。

我突然明白了：原来春天是一个我们可以快乐成长的季节，是一段可以让我们美丽的时光。哦，妈妈，我找回春天了！可是，你还应告诉我：凡是美好的东西，都是春天啊！

不是淑女，我怕谁

刘泰台

一米六的身高，堪称全班女生之最。小小的脸庞上镶嵌着一个小小的鼻子，一张小巧的樱桃小嘴，一双单眼皮的眼睛眨着调皮的光芒，半长不短的头发简单地束在脑后，这就是我！我想，我给人的第一印象应该是文静、乖巧，殊不知我完全是一个野蛮女生！

有一次晚自习被老师拖了一会儿堂，由于过了放学的时间，学校的大门已紧紧地关闭——要想回家必须走操场后面的小道，这得绕一条很长的路。我抬头四下看看，大伙儿正躁动不安，有不少女孩儿正在打退堂鼓——准备回头走小道。我可不想多走冤枉路，怎么办？

"翻墙吧！"我大声提议道。众男生惊讶地瞪着我，一男生竟歪着头说："你啊，会翻墙？那猪还会爬树吧！"他的话音未落，大伙儿跟着起哄起来……

我明显感觉脸热起来：哼，今天不露一手，以后怕是不能在这些人面前混了。我扭头瞥了大家一眼，牙一咬，双脚朝地上拼命一蹬，身子随之蹦了起来，顺势双手使劲地抓住墙头一块突起的砖头，一用力便爬上了墙头。我正准备教训刚才嘲笑我的男生，没想到门卫老爷爷不知道啥时候站在面前："一个女娃也在翻墙，成何体统？"我心想：有什么大不了的，我不是淑女，我怕谁！

我不是淑女，我不必像其他温柔美眉一样，走起路来一小步一小步地移动，我可以大步流星地狂奔；我也不必像其他淑女一样抿着嘴笑——笑不露齿，我可以露出尖尖的虎牙，在阳光下肆无忌惮地哈哈大笑；我还可以和男生打成一片，和他们称兄道弟，不在乎别人怎么说，正所谓是"走自己的路，让别人去说吧"。

我不是淑女，我想唱就唱，想说就说，吹着口哨打着手势，遇到不爽，我还可以大声地吼几声，甚至遇到不平的人和事，我还会做到该出手时就出手！

我不是淑女，我怕谁！

珍 惜 友 谊

钱林琳

朋友，请你珍惜友谊吧，它是那样纯洁、温暖。

也许你因为一场考试失利，痛苦地蜷缩在楼梯间，坐在冰冷刺骨的石板上，心里像一团乱麻，眼泪也不由自主地落了下来，然后捂住眼睛，轻轻地抽泣。这时，友情已乘春风赶来了，用它那温暖的大手抚摸你的头，一边细细地为你整理心中的乱麻，一边轻声细语，柔柔地鼓励你。

请你珍惜友谊吧，它是那样纯洁、温暖。

也许你放开书页，笔尖在一道题面前停留，在你苦思冥想时，友情已悄悄地落在你的身边。首先是鼓励你增强学习的信心，不灰心、不急躁，然后，详细地为你讲解题目，使你猛然间恍然大悟，不好意思地挠挠头，冲友情抿嘴一笑。

请你珍惜友谊吧，它是那样纯洁、温暖。

也许当你即将走上成功的舞台时，却被身后的人抢了先。你是那样的失望至极，仿佛有人拿了一盆凉水，从头浇到脚，就连你的心也彻底凉透。这时，友情如太阳一般出现在你的身旁，烘干你的衣服，也温暖你的心，拍拍你的肩，说："这，不过是场比赛而已。只要再努力一点儿，我相信你一定能成功！"

我找回了春天

友情，就像轻柔的风，给你带来快乐。

友情，就像一双巧手，解开你心中的困惑。

友情，就像太阳给你温暖，融化你心中的冰块。

请你珍惜友谊吧，它是那样纯洁、温暖。

我家的小花园

崔浩然

在我们家的屋子的后面，有一个小花园，那是一个四季有景、风光美丽的地方。

春天到了，当第一声春雷在我的梦中响起，最先得知春的消息的小草冲破重重的包围，探出了小巧的脑袋，绿绿的春意便在园子里蔓延。过不了几天，一朵朵小花，有名的、没名的，也被轻巧的燕子的歌声叫醒了，它们噘起自己粉嘟嘟的小嘴，伸开自己艳丽的花瓣；树妈妈也赶紧叫起自己的宝宝，于是，一片片嫩黄的叶芽争先恐后地冒了出来。不几天，万紫千红的小花园就变得多姿多彩了。

夏天来了，只一阵暖和的风，就让绿树婆娑的小花园更有一番韵味：各种各样的花争奇斗艳，它们纷纷地展示着自己美丽的身姿，翠绿的树叶们也在树妈妈的滋养下渐渐长大，油亮亮的，大家都学会把片片绿荫凉爽无私奉献给人类了。

转眼金色的秋天到了，一片片黄叶纷纷离开了枝头，扑向大地的怀抱。更多树叶纷纷离开了枝条，围到树妈妈温暖的脚下。园子里的落叶就这样默默地化作了肥料，为来春的花草增加营养。小草戴上自己的黄帽子睡着了，花朵也都合上了眼，酝酿着来年再展风采。

寒冷的冬天伴着呼啸的北风来了。雪花给院子盖上了一层雪被子。花园里大部分植物都沉沉地睡去了，只有松树还挺着绿绿的身子守护着它的好朋友们。

一年四季，小花园总能呈现它独有的美，我爱这美丽的小花园。

美丽的校园

陈宇轩

如果你一年四季都到我们学校来参观的话，你就会发现，不论春夏秋冬，它给人的感觉都像是一幅迷人的画。

春天，校园里生机勃勃。各种树都身着绿装，披着融融春光，迎着悠悠微风翩翩起舞，小草也偷偷地从泥土里钻出来，望着这光明的世界。同学们在这美好的春天里学习着，你听，从教室里传出一阵阵琅琅的读书声。这只是读书声吗？这分明是同学们迈向理想的脚步声啊！

夏天，校园里的树木郁郁葱葱。操场中间的两棵梧桐树枝繁叶茂，就像两把撑开的大伞。这个时候，我们可以在它身下避暑乘凉，做些有益的活动：跳绳、丢沙包、讲故事……真是其乐无穷。

秋天到了，树叶渐渐变黄了。它们经不住秋风的吹袭，从树上纷纷落下，像美丽的蝴蝶在校园里翩翩起舞。香喷喷的果实挂满枝头，露出诱人的色彩。

操场上到处可以看到同学们活泼的身影：踢足球、打篮球……整个操场充满了欢声笑语。

冬天，大地披上了银装，校园也变成了白茫茫的一片。同学们在洁白的雪地上玩得多开心呀！他们有的堆雪人，有的打雪仗，还有的滑冰，一点儿也没觉出冬天的寒冷。

在这美丽的大花园里，祖国的花朵正在竞相开放、茁壮成长。

贪心的小狗

雨　桐

清晨，我家的小狗趁我出去锻炼的机会，也跟着溜了出来。不一会儿，它不知从哪儿捡来了一块骨头，于是美滋滋地叼着往回走。

我在想，多幸福啊！一大早就弄到了如此的美味！

叼着骨头的小狗喜滋滋走在回家的路上，前面是一道清澈见底的小河，夏天的时候，小狗还和它的小伙伴游了过去。那清凌凌的河水真甜啊！河面上有一座年代很久的小木桥。不过，小桥也太累了，胖子走上去，都会压得它吱吱喘气呢！好在小狗体态轻盈，它四脚一跃，就上了小木桥。

当它走上独木桥的时候，它低头一瞧，奇怪了，它看见河里也有一只小狗叼着一块骨头，口水便情不自禁地流了出来。小狗冲我摇了摇尾巴，好像在请我帮忙。我正在纳闷儿，但看看它再看看河里，明白了它的意思。小狗心里一定在想："我要是能把那块骨头也弄到手，那该多好啊！"还没等我表态，这只贪吃的小狗便俯下身去，张开嘴去叼水里的那块骨头，结果悲催了，它什么也没捞着。小狗觉得很奇怪：水里明明也有一只小狗叼着一块骨头，我怎么没捞着呢？竟然还把自己嘴里的那块骨头掉进了水里。唉，真可惜呀！

小狗垂头丧气地回到家，先前的那股高兴劲儿不知跑哪儿去了。它琢磨了好半天，终于明白：原来水里的那只小狗是自己的影子呀！今天都怪自己太贪吃，才失去了一顿丰盛的晚餐。唉，下次可不能这样贪心了。

妈 妈 的 爱

马新意

星期天，我和同学在一起聊天，一个同学说："我们聊什么呢？"我说："我们就说说我们的妈妈吧。"

毛毛说："我的妈妈是坐在轮椅上的。我还不满周岁的时候，一场突如其来的车祸使我妈妈的脊椎粉碎性骨折，并造成下肢瘫痪。这件令人伤心的事无情地发生在我亲爱的妈妈身上，她再也站不起来了，只能终身坐在轮椅上。爸爸受不了这个打击，同妈妈离婚了。外公外婆伤心欲绝，连尚未懂事的我也终日啼哭。在幼儿园里，有的小朋友说我没有爸爸，是一个孤儿，还故意不和我玩。每当这时候，我虽然一声不吭，但特别伤心难过。妈妈看在眼中疼在心里，不断地安慰我。正是妈妈的爱融化了我心中的寒冰。"

敏敏说："我妈妈对我的爱，要从一件小事说起。那是一个冬天的晚上，天气特别寒冷，我一觉醒来，蒙眬中发现妈妈的房间里还亮着灯光，这么晚了，妈妈在干什么呢？我披上衣服来到妈妈面前，关心地问：'妈妈，这么晚了，你怎么还不睡呀？'妈妈抬头看了我一眼，说：'明天要变天，我怕你冻着，给你织副手套，你先睡吧！'我怕妈妈累坏了，再三让妈妈休息，可妈妈怎么也不听，继续织着手套。我拗不过妈妈，只好又去躺下，可我怎么也睡不着，眼前总是浮现着妈妈红肿的眼睛和脸上的皱纹。妈妈，你对我的爱，让我如何报答！"

我说："如果给我一张纸，我一定先画妈妈的嘴，她的嘴教育我怎样做一个好孩子，嘱咐我要认真读书，对学习要精益求精，不懂就要问。然后，我要画妈妈的头发，原来妈妈有一头乌黑亮丽的秀发，现在却出现了丝丝白发。我知道，妈妈为了我，为了这个家，真是太辛苦了。"

我们充满深情地讲述着自己的妈妈，心中充满对妈妈的敬爱和感激。敏敏说："我们共同编一首诗歌表达我们对妈妈的爱，怎么样？"大家都一致同意。立即开始编写，写完了，反复修改，最后终于满意了。我们轻轻吟诵着诗歌，心中荡起无限深情：

　　　　妈妈把爱编织在我的毛衣里，穿上它，心中融进暖暖的春意。

　　　　妈妈把爱融进浓浓的牛奶中，喝一口，一直甜甜地流进心底。

　　　　妈妈把爱化作一句句鼓励的话语，在我退缩时，给我力量和勇气。

　　　　妈妈把爱化作一个个甜甜的微笑，在我成功时，让我戒骄戒躁。

　　妈妈的爱是声声叮咛，殷殷希望。我们沐浴在爱的春风。

爱的颜色

朱珂妮

　　我们的世界充满了爱，没有爱，世界也没有了色彩。那么，爱是什么颜色呢？

　　每次到外公家去，外公外婆都那么亲切，翻箱倒柜，把好吃的全拿给我吃，吃得我撑得不行，走时，还要提一大包。我看清楚了，在他们的爱海里，分明泛着蓝色的波涛，是那么动人。

　　我是毕业班的学生了，和我的同学朝夕相处，同窗共读了六年。在每一次比赛、每一次争吵、每一次合作中，我们早已建立起了友谊，深厚，质朴。我也看见了，我与同学之间的爱是那耀眼的黄色！

　　印度洋大海啸，让无数人失去了宝贵的生命，摧毁了无数个幸福家庭，让他们每天都沉浸在悲痛中无法自拔。是世界各国人民伸出了援助之手，捐给了难民很多粮食、衣物，帮助他们恢复经济。大家的关爱，是那醒目的绿色，让人清爽、舒服。

　　在我的世界中，还有令我的心暖暖的母爱，粉红粉红的；还有爸爸坚毅的爱，是那高尚的紫色……

　　爱，让人幸福，让人温暖。爱，闪耀着五彩的光芒。

是爱组成了这个绚丽的世界，世界之所以这么绚丽是因为融入了爱，爱，让我们的生活永远五彩缤纷！

亲 情 测 试

张靖棠

今天的语文课上，罗老师给大家发了一张作文纸。老师让我们在作文纸上写下这个世界上自己最爱、最敬佩、最不能忘记的五个人。等大家都写好后，罗老师深情地说："同学们，人生就像坐火车，一趟没有回程的列车。有许多和我们至亲至爱的人原本是和我们同坐一个车厢的，甚至就坐在我们身边，可不知什么时候他们却一个个地在沿途的停靠站下车了。从此，他们再也不能与你同行了。你无法预料他们什么时候和你永别。现在请你拿起笔，在你最爱的五个人当中划去一个，就当他下车了，就当他和你永别了。"

"啊？这怎么忍心呀！"同学们叽叽喳喳的，谁也不想按老师说的去做。"这是规则，必须这样做。"罗老师强调。大家都很无奈地拿起笔从自己最爱的五个人当中划去一个。有几个女同学一边划，一边落泪。

等我们都划好后，罗老师首先采访了还在抹眼泪的袁静文："你划去的是谁？"

"我划去的是爷爷。"

"你为什么把爷爷划去？"

"因为爸爸、妈妈、弟弟他们还年轻，尽管爷爷也是我最爱的人，但我没办法留住他。"袁静文含着泪水说。

　　"是啊，爷爷、奶奶、外公、外婆他们年岁已高，说不定哪天真的会突然走了，连和你见最后一面都不能就遗憾地走了。他们活着的时候，我们一定要好好照顾他们。"罗老师补充道。

　　"现在请你们在剩下的四个最爱的人中再划去一个。"罗老师又给我们下了命令。

　　……

　　当罗老师让大家划去最后一个自己爱的人时，教室里已经哭声一片了。罗老师自己也眼含泪水，声音哽咽。虽然我手里拿着的水笔只有几十克重，可不知为什么，我感到今天的笔特别沉重。每划去一个，我的心就像被尖刀刺了一下。我好像突然间失去了所有亲人，失去了所有亲人的爱；好像突然间成了一个孤儿；好像突然间从天堂跌到了地狱。

　　虽然我们都知道这是一个游戏，虽然我们都知道这是一次虚拟的亲情测试，可我们还是忍不住哭了。上小学四年，和全班同学在一起四年啦，我第一次听到大家这么难过的哭声。当老师要求大家把这节课的感受写下来时，许多同学仍止不住哭泣，一边哭，一边写。

　　最后，罗老师语重心长地说："孩子们，天有不测风云，人有旦夕祸福。我们无法预知未来，无法预料身边的亲人什么时候离开我们，也许事情会发生得很突然。我们一定要珍惜人生路上同行的日子，好好爱我们身边的每一个人。"

107

我找回了春天

我也当了一次农民

车草林

每当放假时，我总会到大娘家去住几天。这不，今年暑假我又回到大娘家待了四五天。下了雨，刚好赶上给玉米施肥。为了体验一下农民生活和粮食的得来不易，我便要求和大娘、大爷、哥哥一起去施肥。

因为下了雨，肥料容易化，就像糖放在水里会溶化一样，所以大娘和大爷在停雨后马上要出发，急急忙忙，也没来得及拒绝我的要求。由于天色不早了，大爷用小车推了一袋复合肥料和四个施肥用的桶便出发。

我们来到地头，开始施肥了。看着大娘一把一把抓得那么快，还以为很容易，却没有想到自己笨手笨脚，大娘一个人一次施两行，我一次只施一行，还不如大娘施得快。看来，施肥并不是我想象的那么简单。施了好一会儿，抬头一看，才能隐隐约约望到尽头。我心里想：大娘种了几亩地呢？一望无际，像大海一样。后来，大爷告诉我肥料施得稍多了一些，要我再施少一点儿，我点了点头，然后照大爷的话，施得少一些。可是，过了一会儿，大娘又对我说："鑫鑫，施得太少了，再多一点儿，好不好？"大娘的语气很温和，完全没有责怪我的意思，但我的心里很不是滋味。我垂头丧气，心想：我怎么这么失败，一会儿施得多了，一会儿又施得太少。我是不是很笨，连这么点儿小事都办不好。不过我又想到了霍金，想到了那些身残志不残的英雄，他们靠着自己的努力，由一无是处，变成了对社会有用的人。

于是，我打起精神，速度加快了，施肥量也掌握得恰到好处了。虽然，到了最后我还是最后一名，但我已经心满意足了，毕竟我这是第一次施肥嘛。而且，大娘也夸我越干越好，越干越有窍门了，是个聪明孩子！我听了，心里美滋滋的。由于大娘家种了许多亩玉米，我们施了两天才施完，肥料也刚好用完。我的胳膊被玉米叶划了一道道细小的伤痕，通红通红的，火辣辣地疼，并且浑身酸疼，但我却一声没吭。因为我觉得这是劳动的见证，甚至可以说是一种荣誉。

美丽的天堂——西湖

"十里明湖中，葱绿的孤山……"在上学期第六课，我们认识了美丽的西湖：孤山、苏堤、湖心亭……啊，我的心早已飞往了"人间天堂"——杭州。今年"五一"，我的愿望终于得到了实现。

那天，天空湛蓝湛蓝的，我和爸爸妈妈乘着长途汽车来到杭州。刚下车，我第一个想到的就是西湖。于是，我们打的到了西湖三堤中的苏堤。我站在苏堤上眺望西湖，在微风的吹拂下，湖面泛起一丝丝鱼鳞似的波纹。风过了。这时，湖面平静得出奇，一条苏堤划破平静的水面，将湖水分成两半，在阳光的照射下，湖面波光粼粼，隐隐约约显现几处时浓时淡的绿波，宛如两颗闪闪发光的碧绿色的宝石。西湖的全景是看不见的。湖边一排柳树姑娘轻轻地抚弄着自己的长发，小草不知何时从土地中钻了出来，嫩嫩的，绿绿的，不声不响地往上长。

时间过得真快，眨眼间已经是下午5点了。这时，太阳已经悄悄滚落到西边，灿烂的云霞在天边缓缓地飘动，把天空映得火红。游人渐渐离去，每一个游客的脸上被晚霞映得红彤彤的，湖面上也是红彤彤的，水天一色。天上、地上、湖上、脸上一片红艳艳，好不漂亮。

我们在西湖边吃完晚饭，此时，天已经黑尽了，一轮明月徐徐升起。我们从饭馆里走出来，漫步在美丽的西湖边，令人心旷神怡。爸爸租了一条船，我们坐在船上，欣赏着西湖美丽又迷人的夜景。路过湖心亭时，爸爸把船停靠在岸边，说："上去走走吧！"这里树木成荫，碧草连天。站立在湖心亭上，整个西湖的夜景都摆放在眼前。当我们再次回到岸上时，皎洁的月光此时已经昏暗了，爸爸一看手机——晚上9点，于是我们不得不告别美丽的西湖，回到宾馆。

啊！西湖！你是中国一颗无比璀璨的明珠！

生日三部曲

史婉佳

今天是一个平凡的日子，但是在十三年前的今天，一个小生命诞生在这个世界上，那就是我，一个文静的女孩儿。

前　奏

"呼！"我伸了个懒腰，并用手揉了揉眼睛。抬头往日历一看，"哇，生日到了！"我高兴地一蹦三尺高，连忙穿好衣服来到爸爸妈妈的房门前。隐隐约约地听见爸爸妈妈的谈话，原来他们正在讨论怎么给我过生日。听了以后，我心中暗暗欢喜，高高兴兴地上学去了，一路猜想着下午放学回到家后，爸爸妈妈会给我什么惊喜。

高　潮

果然不出我所料，当我回到家的时候，爸爸妈妈正为我的生日忙碌着。"婉佳，吃饭了。""哦，我知道了。"我满口答应。来到厨房，只见爸爸小心翼翼地拆开蛋糕盒，拿出盒子里的蛋糕，并插上了十四根蜡烛，蛋糕上面有许多由奶油做的花，花丛中还写着一行字："祝史婉佳生日快乐！"妈妈正忙着把一盘盘丰盛的小菜往桌子上搬，有清蒸螃蟹、糖醋大排、青椒炒鸡蛋、红烧肉等等，这些都是我喜欢吃的。一切准备就绪后，我们就开始用餐了。爸爸让我亲自点燃这十四根蜡烛，并要我许一个愿望，我笑着点点头。点完蜡烛后，我便要开始许愿了。我闭上了眼睛，在心中默默地许了一个愿望。睁开眼睛后，我和爸爸妈妈一起吹灭了蜡烛，然后我们一边吃饭，一边进行心灵交流。

尾　声

今天，是我在这一年里最快乐的一天，我不仅长大了一岁，和爸爸妈妈之间的关系也又进了一层。真希望天天都能过生日。

第一次吃油炸臭豆腐

王乐莹

　　凡事总得有第一次，我有很多个"第一次"今天想起还是记忆犹新。但说起来不好意思，最让我记忆深刻的，是第一次吃油炸臭豆腐。

　　那天下午，我和妈妈到市场去买菜。突然，一股臭味直冲我的鼻子。哪里这样臭，可是臭中又带着香味。哦，我得找找看，看是什么东西能引起我这个吃货的关注？走近一看，原来是卖油炸臭豆腐的。我听说这臭豆腐闻着臭，吃起来却是很香。我很好奇，于是，也想尝一尝。

　　买臭豆腐的人很多，已经排起了长长的队伍。我只好排在队伍的后面等着。好不容易轮到我了，我仔细地看着师傅是怎样做的：他先把白色发酵的小豆腐块放到滚热的油里，用小火慢慢炸，等炸成金黄色漂在油面上，就可以捞出来了。师傅把金黄色的油炸臭豆腐放在盘里，依照每个人的不同口味放一些调料，就可以吃了。这金黄的飘着香味的油炸臭豆腐真叫人垂涎欲滴！我用牙签扎了一块放在了嘴里，啊！酥软可口，好吃极了！我一连吃了好几块，还觉得不解馋。这世上怎么还有如此奇妙的组合，将臭和香两种不同的味道融合在一起，给人一种欲罢不能的感觉。不行，我要放开肚皮，吃个痛快！可是，妈妈发话了，她说吃多了，是要伤胃的。可是，我太想吃了，忍不住又吞下一大块。

我在妈妈的"挟持"下，离开了小吃摊。我一边擦着嘴边的油腻，一边回头恋恋不舍地望着那正在炸着的臭豆腐，心想：我明天一定还来吃油炸臭豆腐。

爸爸的胡子

邱德秀

一提起我的爸爸，我觉得他所有的特点都集中在了脸上：浓眉大眼，两只大耳朵，高高的鼻子，还有一个整天乐颠颠吹着口哨的嘴巴。总之，我觉得爸爸几乎完美无缺了。可是就有一点我看着不顺眼，爸爸的嘴下直到脖子长着密密麻麻的胡子。每当爸爸亲我的时候，我总会忍不住尖叫一声。妈妈闻讯赶来，一打听才知道，又是爸爸的胡子捣的鬼。我知道，这几天爸爸肯定又忙得没刮胡子。

瞧，晚饭结束了，爸爸坐在沙发上聚精会神地看电视。妈妈不知从哪儿冒了出来，一下子关上了电视，把刮胡刀和镜子递给爸爸："先把胡子刮了，再来看电视。"语气中透着不可抗拒的威严。爸爸无可奈何地叹了口气："夫人，遵命！"接过刮胡刀向洗漱间走去。刚离开沙发，邻居就来找爸爸下棋。爸爸把忙把刮胡刀往茶几上一扔，忙不迭地转身就走，妈妈叫也不管用，气得直跺脚。

不多时，爸爸下完棋回来了。一进家门，就高兴地嚷："老李真是个臭棋篓子，让我连赢三局。"说完又抱起了我亲了亲。我不由得又"哎呀"了一声。妈妈很快就赶了过来："今晚不刮胡子，你别睡觉了。"爸爸跟我和妈妈做了个鬼脸，就去刮胡子了。一边刮一边哼着小曲："离离嘴上'草'，几天一枯荣。剃刀刮不尽，风吹'草'又生。"听着爸爸自编的小曲，我和妈妈"扑哧"一下笑了出来。

这不，才几天，爸爸的胡子又长了出来。我们家关于胡子的故事又开始了。

我 的 妈 妈

郭越城

我的妈妈是一位小学教师，从事着天底下最光辉的职业。

如果要进行漂亮妈妈评选的话，我觉得我的妈妈得票数一定很高。真的，不是我在自夸，你先看一眼哟，我的妈妈真的很漂亮。初次和她见面的人都会夸妈妈的眼睛大又亮，特别有神。

妈妈的头发长长的，乌黑闪亮，她喜爱扎一个马尾辫，说这样工作起来方便。由于妈妈烫过卷发，扎好的马尾辫就像一朵盛开的菊花。妈妈每天用不同的头花装饰她的马尾辫。妈妈也特别爱修理自己的眉毛，每个星期都要用修眉刀将眉毛修理成柳叶状。嗨，妈妈的眉毛经过修理后还挺好看！我的嘴形特别像妈妈的嘴形，棱角分明，上唇尖尖的，下唇略厚。相信你见了，一定也会投票的哟！

漂亮妈妈对我很严厉，也许严厉要求是做老师的职业特色吧。

记得老师第一次让我们写日记，我拿起笔就往日记本上写，结果写了许多错别字。妈妈检查我的日记时非常生气，让我重新在练习本上打草稿，然后修改，最后誊写在日记本上。在妈妈的严格要求下，那次的日记得了"优"。从那以后，我每次的日记，妈妈都要一个字一个字看，发现有一点儿不如意的地方，她都是黑着脸，要我重来。从此，我也养成了写日记、写作文先打草稿的好习惯。

我的妈妈是个既爱美又要求严格的好妈妈。

给老师的一封信

冯丽芳

亲爱的康老师：

您好！

谢谢您对我的帮助。

记得那是刚开学时的事。因为我是从山里来借读的学生，所以和班里的同学互不相识，当我看到班上的同学下课后在一起说笑，自己却只能站在一旁看着他们，当时感到好孤独好无助！要知道，那时我不敢去接近他们，更不敢去和他们说话，心里老想躲着他们。你观察到这些后，送给我一句话："先相信自己，然后别人才会相信你。"就是这句话给了我勇气，让我敢于接近同学，和他们一起开心地玩、尽情地笑。

您记得我和班里王娜闹别扭的事吗？那天是我们在一起解数学题，我生气冲她大声嚷："我的方法好，你的就是不好！"事后，我

我找回了春天

们谁也不理谁。您知道这件事，又送给我一句话："比天空更广阔的是人的胸怀。"顿时我觉得心胸开阔了许多，心头的怨气也烟消云散了。您便教我"宽以待人，严于律己"，一定要善于团结和自己意见不同的人，还跟我说您是怎样和同事们团结起来的。

从此我学会怎么和人相处！

我还记得两个月前的事。我因数学测验没考好、英语考得也不太理想而垂头丧气，意志消沉，又是您给我吟了两句诗："满山云雾都是乐，一丝荣辱不需惊。"当时我沉重的心变得轻松起来，我一下变成了快乐的小天使。

到今天，我们班同学总忘不了的是，您母亲去世的那几天，您疲惫过度，眼圈发红，说话声音嘶哑。尽管如此，您还是和以往一样认真地给我们讲课，给大家补习功课；放学后，批改我们的作业到很晚……

我们同学都说要像您那样做个坚强、认真的人。

以前，我对语文课毫无兴趣，更别提写作文了。可自从您教了我们语文课后，我才发现，原来，语文课是这么有意思，写作文是这么容易。

您曾要求我们提前背诵课文，我按您的要求做了。那天，我提前把《从百草园到三味书屋》第二自然段背了，并且仿照"不必说……也不必说……单是……"在随笔本中写了一段景物描写，您看到后夸我是"走在时间前面的人"，我欢喜、激动，夜里都在梦中笑醒！

您让我们要注意积累，随时积累好词句好段落，让我们每周写篇随笔。从此我的作文有些进步，心里有点儿小得意，滋生了瞧不起同学的情绪，您发现后在我的随笔本上写道："山外青山楼外楼，英雄好汉争上游。争得上游莫骄傲，还有英雄在前头！"

老师啊，您就是这样用诗一般的语言教我功课、教我做人。啊，真的感谢您，谢谢您对我的帮助！

祝福您永远健康！

您的学生：冯丽芳

家乡的桃花涧

路　林

在我的家乡，有许许多多的名胜古迹，但最令人流连忘返的，要数桃花涧了。

桃花涧在大青山的南麓，一条银白的山涧像绸带似的镶嵌在翠绿的群山之中，是一个风景秀丽的地方。传说，老早的时候，有一个姓谢的医生住在这山涧的南坡，他种了许多桃树，用桃树和桃核配制药，给穷人治病，常常不收诊费。他去世后，人们为了纪念他，就精心护理他留下的桃树。于是，野生的、栽种的桃树越来越多。从此，这个山涧就叫"桃花涧"了。

现在，随着乡村农家游的兴起，桃花涧正以美丽的姿态迎接五湖四海的朋友。

春天，温暖的风吹来的时候，那便是桃花盛开的季节。一朵朵桃花露出笑脸，迎接着远方的朋友。微风拂过，桃花散发着醉人的清香，引来勤劳的小蜜蜂和多姿多彩的蝴蝶翩翩起舞。那些正含苞欲放的桃花，仿佛是含羞姑娘，飞霞满颊！整个桃花涧成了桃花的世界。每逢三月十五桃花盛会，人们便会从四面八方涌来，聚集在桃花涧。弹着古琴的老人，载歌载舞的姑娘和小伙子，欢天喜地的孩子，在这儿忘情地享受着桃花涧仙境般的美。

夏天，桃花涧的流水清澈见底，成了孩子们的天地。逮小虾、捉小鱼、打水仗，涧水洗去了疲劳，洗去了忧虑，银铃般的笑声落到溪里惊动了水里的游鱼，落到树上引来了小鸟的啁鸣。躺在桃树下乘凉，望着树上一个个长得胖胖的桃子，嘴里有馋虫蠕蠕而动。

秋天，我们可以去桃花涧山坡看将军岩画。巨大的岩石上有着各种稀奇古怪的字。有的像太阳，有的像月亮，有的像禾苗，有的像人面兽像，真可谓是"东方天书"。最重要的是，桃子红了，摘一颗尝尝鲜，酸中藏甜。甜里带酸，遥想当年孙猴儿偷食仙果，大概也缘于桃花涧的桃子太美。

冬天，大雪过后，桃花涧披上了一件雪白的绒衣。落光了叶子的桃树挂满了亮晶晶的银条，阳光一照，五光十色，人有似置身琼树瑶枝的世界。

118

老 屋

何 伟

趁着国庆闲暇，去看看载有我童年痕迹的老屋。

去老屋的路已不熟悉，但一踏上雕花的青石板路，却有一种久违的亲切之感。悠长曲折的巷子里，时而听见屋檐下鸟儿明快的调子，我不禁也学着吹出几声口哨，引得鸟儿连连回望。

几年不见，老屋里的人走得差不多了。空荡荡的屋内荡着开门的回声，与窗外潇潇的秋雨相伴，略带一丝惆怅，唉！"秋风秋雨愁煞人！"推门而入，灰尘扑面而来，被光一照显得朦朦胧胧，似乎是如烟的往事在眼前重演……

走在楼梯上，我扫视着扶手上的每一寸，每一块。虽积满了灰尘，但仍看得出那精雕细刻的花纹。这是藤蔓的花纹，栩栩如生，蜿蜒曲折，极似希腊爱斯尼柱子上的图案。楼梯口有一张至今仍鲜红闪亮的书桌，窗口的光正好射在桌上。听奶奶说，爸爸小时候就坐在这里走过小学、初中。风一吹，起居室的门"吱呀"一声开了，里面依旧摆着两张挂着蚊帐的大床和一些不知是什么年代的旧家具、旧箱子，清一色涂了红漆，挂了铜锁，透着古朴的气息。我走下楼时，楼梯又响起了歌："吱呀，吱呀……"屈指算来，已经五代人住过这老屋了。

下楼时我瞥见了墙角的捣米舂，试着举了几下，胳臂便酸了，着实难以想象奶奶瘦小的身躯怎么搬得动舂。与二楼比较，一楼的陈设就较多了，有灶台、水缸、茶几、太师椅，以及一张三角饭桌和凳子。走近灶台，我还清晰地看见上面被烟火熏烤的痕迹，心神一个恍惚就宛如看到奶奶在前面做饭、大姑姑在后面烧火的样子。走到外边，屋檐下"牛腿"上精雕细刻的生肖、花鸟图案还在散发着古老的魅力，古朴浑拙，器宇轩然，典雅又不失山野之色，实属佳品啊！

119

从天井里向上望到的不是四角天空，而是高深、无际、像是能包藏一切的天宇，这样与老屋布满苔藓的房顶融为一体，和谐、自然……

离开了老屋，我暗自思忖：老屋会拆吗？会被一座一座高楼替代吗？也许会，也许不会。或许在多少年以后，老屋里又住了人，又会重新回到人们的记忆中来。不过。老屋还是那间老屋，它头顶还是那片天宇，里面的人虽不知换了几代了，里面的故事却一天比一天多了……

晨

周雨琴

经过一夜的寂寞等待，终于可以迎接这美好神圣的时光——晨。

旭日缓缓从东方的山间悠悠升起，天地之间的黑暗也随之慢慢消失。天边的晨曦，犹如一支饱蘸了颜料的画笔，在天空这张上好的宣纸上，只那么轻轻一点，那曼妙的红便晕开去，晕开去……瞬间，那璀璨的阳光洒向大地，她温柔地推开了还在熟睡的窗户。

晨光送来了一连串清脆的鸟鸣，也惊走了我惺忪的睡意。伴着悦耳的鸟鸣，我起身出门，呵呵，恰好与和煦的晨风撞个满怀。晨风拂过，带来了淡淡的青草味，还有花的香；晨风摇曳着河畔的垂柳，枝条上翠绿的树叶忽闪忽闪，仿佛无数的精灵在闪烁。树叶婆娑，树叶沙沙，它仿佛在诉说："晨光，晨光，我爱你！"晨光，一缕一缕的晨光，透过斑驳的树隙，丝丝缕缕、千丝万线地落下来，在地面上洒下了点点碎金。

大地上，绿叶层层，红花朵朵，叶面上、花瓣里，滚动着晶莹的露珠。晨光经过朝露的折射，幻化出美丽动人的光泽。我明白，是颗颗朝露滋润着万物，更滋润着我的心田。

晨光、晨风、晨露，都是那么令人陶醉，都在编织着一个美丽的童话。我被它的一切牵动着……

晨光中，我什么都想，什么都不想，围绕我的只是清爽、恬淡。

我要好好享受这美好时光。

我爱晨，不仅仅是爱它的美丽和清新，更有它对我的不离不弃。它时时地提醒我："新的一天开始了，要加油哦！"

晨，你天天给我好心情，我要带着你上路，收获一整天的幸福与美好！

丝 瓜

张 凯

我家门前有块大大的菜地，那里面的品种可多了，有黄瓜、芋头、豆角、青菜、花菜、莴苣、芹菜……但最引人注目的还是丝瓜。

春天到了，丝瓜苗破土而出，贪婪地吮吸着春天的甘露，一个劲儿地往上长。春风吹来，嫩黄的小芽逐渐变成了嫩叶。几天过后，丝瓜的叶子就繁茂起来。这时，妈妈在它旁边立了几根长木棍，奇妙的是，瓜蔓就顺着木棍攀缘而上，越长越长，一直爬到架子上。

要不了多久，丝瓜的藤萝爬满了架子，满架的叶子随风飘动，沙沙作响，多像是一群翩翩起舞的精灵。

四五月间，丝瓜开花了，黄色的、喇叭形的花。看，星星点点的金花在微风绿叶中闪烁，多美啊！翠绿的叶子一层压一层，一起装扮着棚架，还为架下的人们送来阵阵阴凉。

到了五六月，丝瓜的花谢了，一个个青黑相间的小丝瓜吊在瓜藤上，有的藏在那重重叠叠的绿叶下。时间一天天过去，小丝瓜渐渐地长大了。

听妈妈介绍说，丝瓜浑身都是宝。它嫩时可以吃，老熟后，里面的丝瓜络晒干了还可以用来擦洗锅碗瓢盆，去油去污非常好用。这种纤维在工业上也有用途，是很好的纤维原料，还可以入药……

"丝瓜虽然看起来很平常，但它的一身都有益于人。"妈妈总是重复着这样的话。

平常，却有益于人。我望着菜地里那一排排丝瓜，回味着妈妈的话，似乎明白了什么……

选 举

曾 伟

下午第二节课改选班干部。本来寂静无声的教室，一下子就像开了锅似的，整个教室充满了大家七嘴八舌的说话声。

谁不想当班干部啊？说真的，我一直有当班干部的愿望。

我把身子坐得直直的，胸脯挺得高高的，眼睛不时地偷偷看看其他同学，看看他们是不是注意我，我恨不得把全班同学的注意力都集中到我身上。

选举开始了。大家都同意李会当中队长，我也同意。李会是比我强，我能当一名中队委就烧高香了。可是，黑板上连续出现另外几个同学的名字，我有点儿着急了，暗暗埋怨平日里那些小伙伴们，怎么这时候把我忘了。好不容易有人提了我的名字，又偏偏只有十几个人同意，真让我伤心啊！

唉，不用猜，进中队没希望了。

到选举小组长的时候了。我自己过去是个小组长，可我真害怕这小组长的头衔今天也被摘了。结果呢？糟透了——组长也飞了。我真想哭，只是怕同学们笑话我而强忍住了泪水。

晚上，我失魂落魄地回到家。吃完晚饭，躺在床上辗转反侧。我深深感到，班上有许多同学，他们身上的美德是我所没有的。教室里的锁丢了，是大刘主动买了一把，还多配了几把锁匙，交给了老师。还有，清扫厕所、帮助同学……哪一回有我的名字呢？

唉，想到这些，我羞愧地用被子蒙起了头。

是的，老师说得对，人不能永远停在自己的功劳簿上，要永远地向前！对，我从现在开始，从头再来！

堂课真没劲

成渔叶

"丁零零……"上课铃响了。老师脸上带着微笑走了进来。紧跟着后面的有三十多位来听课的老师。这样的场面，是我转到这个学校以来第一次见到。可所有的同学好像没事一般，个个镇定自若。

开始上课了，老师有声有色地讲着。可是我们呢？都无精打采。这怪谁呢？

原来，为了迎接这堂公开课，我们整整排练了三遍。提问、答问、朗读、练习等由班上的尖子"承包",我也成了"专业户"。

课上得井然有序,随着一个个问题的提出,总有一只只手配合默契地举起,而且总是回答得头头是道,天衣无缝,听课老师那里传来一阵阵惊叹声。哦,我的心开始隐隐作痛,眼前一片模糊。我的心飞出去了,老师正在给我们上《皇帝的新装》一课,而现实不正是一件新装吗?书中那诚实的小孩儿在哪里呢?没有。在班级里找不到,我也不敢去充当这个诚实孩子的化身,但我的心加速地跳……"喂,轮到你了。"旁边的同学提醒我。于是,我木然地举起手,站起来,讲了一些自己也不甚了解的话——那些话我早已背得滚瓜烂熟了。结果当然是赢来了一片赞叹声。我们五十个学生像木偶一样被摆弄着,而那一手包办者竟是我们平日里可亲可敬的语文老师!我难受极了,但是没有勇气站起来揭穿。

课依旧在"顺利"地进行,可是我们什么都没有听进去,因为听与不听都一样,反正我的"任务"完成了。

"丁零零……"下课铃响了,我们如获大赦,都深深地吐了口气。

唉,这堂课真没劲。我感到胸闷、头痛,于是加快步伐来到操场,呼吸大自然的新鲜空气……

补 鞋

何美林

"来咯——补鞋哟——"好不容易有了一次睡懒觉的机会,却被那吆喝声吵醒。"烦死了！"我在床上抱怨着。唉，这难听的吆喝声打断了我的美梦，今天我一定要想个办法捉弄一下这个补鞋的老头儿。很快，心头便有了"妙计"。

下午，我看着不远处那个补鞋的老头儿，随手从垃圾堆里捡了一双破得不能再破的鞋，小心翼翼地换上，然后装出一副难过的样子来到老头儿的跟前："补一下这双鞋。"我指着自己的脚，手指有点儿发抖。那老人抬起头，他的脸色是那样的苍白，额头上的皱纹勾勒出一个醒目的"王"字，他的两鬓白发苍苍。他看着我的鞋，笑了笑，问道："这双鞋你是怎么弄破的？"我支支吾吾地说："是刚才踢球时弄破的。""怎么？没摔着吧？"他问道。我一时竟答不上来。他接着说："这双鞋明天才能修好。你明天中午再来拿。"看他那认真的样子，我偷偷地笑着走开了。

第二天，为了不让他看见我，我绕了个大圈子去上学。一连几天，我都没有去拿那双鞋。"来咯——补鞋哟——"不久后的一个清早，那熟悉的吆喝声又吵醒了我的美梦。往窗外一看，老人仍在那儿补鞋。他看起来更加消瘦，脸色更加苍白了。看到这些，不知是被老人的勤劳所感动，还是为自己的行为感到羞耻，我再也睡不下去了，急忙去取鞋。老人一见到我就说："孩子，你的鞋我已经补好了，这几天总不见你来拿，是没有钱吧？呵呵呵，没关系的，帮学生补鞋是小事。给你鞋，你可得好好读书哟！"听完他的话，我羞愧地说道："这鞋是……""我知道啊，这是……"我和面前的老人不约而同地笑起米。

"来咯——补鞋哟——"如今，听到那熟悉的声音，我心中总会涌起一种无言的感激。因为这声音让我懂得了尊重，学会了做人。

我找回了春天

人都没了

王　丽

在公元xyx的一天，地球上最后一个人孤独地走了……

偌大的地球，再也见不到熙熙攘攘、人来人往的热闹场面。失去了人类，当初人类居住的大楼、车辆飞驰的公路、横架江河的桥梁和许许多多的建筑物，都会在某一天暗暗地瓦解、倒塌。因为没有人类的维护，每一场暴风雨、每一次洪水、每一个霜夜都会"啃咬"这些被遗弃的建筑物，最终将其化成废墟……

这时，一批土生土长的小动物成了这些破烂建筑的主人。后来的一段时间，几种大型的肉食动物重新出现，它们可以在大街、广场任意地逍遥。

人类真的消失得无影无踪了，地球上大部分的生态系统都会恢复到它当初的状态，尽管恢复速度各不相同，但它们可以构成一种新的"稳定状态"。

人类的消失，也并不是说那些濒临灭绝的物种都可以逃脱厄运。有一部分的物种，因为没有人类的干扰破坏，它们的栖息地慢慢恢复了，它们会很好地生活起来。但是许多和人类共生的物种，可能被逼到了绝境，它们渐渐地走向消亡。

人类在地球上消失了，排气管、大烟囱、排污口将停止排放污染物。这些污染物，有的数周内就从大气中消失殆尽，可惜有的污染物则会存留几十年。

当初那些过剩的营养导致湖泊与河流被藻类覆盖，缺少人类维护的海滨变成绿海藻场，这些生命力顽强无比的蓝藻密不透风地盖住了大海，所有的水下生命都将窒息而亡……

再过几百万年，静悄悄的地球又出现一个高级物种，它们也许有着高超的智慧和更先进的发明，但是，它们对着面前的化石和骨化了的残骸，又是一团迷雾。它们在探索，但是它们还是人类吗？

吃 在 未 来

马美美

一日三餐，我每每看见厨房里的妈妈，我就心疼：烹炒煎炸，烟熏火燎，当美味可口的饭菜端上桌时，一身劳累的妈妈却显得是那样筋疲力尽。更要命的是，一看电视一翻报纸，一家人又是惊讶不得了：吃了这个要得病，吃了那个害身体，这样吃法不健康，那样吃法不科学……于是我常想：该吃什么呢？厨房里的妈妈该是怎样的呢？我在幻想着未来的吃……

首先，未来吃的当然是色香味俱佳，由新鲜的、绿色的原料自然形成的食物。它没有化肥的参与，更没有农药的帮忙，还必须保证空气的洁净和水分的清纯。儿童食物的形状是各种卡通的形象，成人的则是各种自然植物、水果的造型。这些食物放在超市中，只要一看就

我找回了春天

有食欲。第二，未来吃的不需加工就可食用，因为高科技的包装，它始终保持着最新鲜的状态和最理想的温度。我们的厨房完全可以改做游戏室了，我们的妈妈得到了真正的解放。她可以漂漂亮亮地做着饭菜，轻轻松松地安排家务。

还有，未来吃的东西营养丰富，有人体必需的各种维生素，我们只要按时吃饭就能保证身体健康，再也不用考虑一天喝多少牛奶、吃几两肉才能营养均衡的问题了。而且吃多了也不用担心身体会发胖，让吃真正变成享受！

怎么样，同学们，想尝尝未来的食物吗？

128

有这样一种声音

　　是的，有这样一种声音，你听见了吗？它甘于生长在一个角落里，甘于只有绿的颜色，甘于没有迷人的香气。它的要求很简单，只是本色的土壤、本色的根，外加心香一缕，每时每刻都在生长，把根伸进每个角落。

回到三天前

户青青

利用爸爸留下的时空之盘，我回到了三天前，我知道了爸爸的死因。

爸爸不久前研发了"幻化3"，它其实是一个电脑芯片，可将三维虚拟替身变为现实。它把电脑中的虚拟的替身技术立体化到芯片中，通过控制芯片来达到虚拟替身的立体化，从而幻化思维。再利用附属机器，启动芯片，它便会根据你的意念化成各种意象。

杰恩是爸爸基地研究所的同事，他秘密建立了自己的基地组织，想把"幻化3"据为己有，利用它的威力再来控制人类，排除异己。然后就可以随心所欲……放学后，我便看到了"意外"死亡的爸爸……

杰恩以爸爸生前好友的名义把我带到他家中抚养。是的，我只是一个九岁的小女孩儿，我想过揭发杰恩的罪行，可是爸爸的研究是从来没有对外公开的，没有人会相信一个小女孩儿的"幻想"，而更愿意相信一直有"良好形象"的杰恩。看来，我只有利用"幻化3"的力量来解决这一切。

我潜入杰恩的办公室。办公室的墙壁上有一幅油画，画中人的眼睛闪了一下，笑了，她竟然动了起来，起身从画中走了出来……那其实就是我，我幻化在油画中，窃听到了杰恩秘密飞去了×市，没有人知道他的行踪。而我通过这段时间的观察，了解了杰恩日常的一些生活习惯以及说话神态。我带上公文包，打开门，推门而出的竟是"杰恩"……

基地新发现

和　永

我来到了基地，经过了一系列的身份验证，来到了杰恩的私室。在门前，声控提示："请回答您的身份。"我一怔，脱口而出："杰恩。"顷刻便被门旁边伸出的机械手臂擒住双手，外间的保卫欲破门而入。我用意念启动了幻化，使身体缩小，抽出我自己的手臂。继而幻化成身手敏捷之人，打倒门卫，夺门而出。

——我想进基地探取秘密计划暂时失败。

经过上次基地的意外情况，杰恩似乎知道有人启用了"幻化3"，便加强了对基地的保护，同时加大对"幻化3"的搜寻力度。其实我只是将"幻化3"隐在手表中，每天戴在手臂上。既然基地的保护系统很强，我幻化成别人的替身肯定会被发现，所以我只有利用幻化，附着在杰恩身上，让他带我进入基地的核心层。了解核实身份的密令之后，自己才能自由进入。

在基地密室，我发现了爸爸研究所的邱博士，他是研究所的头儿。因为他没有同意杰恩的人体意念控制计划，而被杰恩囚禁了。杰恩打算得到"幻化3"之后，用自己的人幻化成邱博士的替身，而把真正的邱博士杀掉。那可想而知，杰恩若得到"幻化3"，便会开发大量的类似产品，用以排除异己，满足自己的私欲。我和邱博士达成共识，我救他出基地，而他就可以揭发杰恩的罪行。

在了解所有出口通关密令后，我幻化成杰恩的替身，带着搜寻的基地资料和邱博士出了基地。

晚间，我回到了自己的家中，看到了新闻中曝光了杰恩的罪行和基地的秘闻。邱博士隐去了我以及"幻化3"的下落。我们不想让公众知道"幻化3"，不愿再激起一波波欲望的风潮，不想让更多的人再受伤害。

可我，只能通过时空之盘回忆爸爸了……

超 时 空

房浅浅

仲夏的一个晚上，徐徐的晚风带走了我身边的余热，我倚在窗前，凝望着漫天的星光，思绪慢慢进入到另外一个世界。

那个世界里的我，从床上醒来，刚睁开眼，发现卫生间的脸盆里已经放好了热水，我好奇地走进去，居然有只"手"拿着毛巾准备给我洗脸，我可吓坏了，还敢洗脸啊？我都不敢再待在那里了。

连忙走到餐厅的我，明显感觉到心跳加速了，好恐怖。刚刚缓过神来，我看见餐厅桌上多了一个液晶的小屏幕，上面显示了好多好吃的东西。我很好奇地用手点击了我最喜欢吃的三明治，刚刚点完，又惊奇地看见厨房里的锅碗瓢盆乒乒乓乓动了起来，一小会儿，那香喷喷的三明治就摆在桌子上。我尝了一口，比平常吃的味道更好。

怀着忐忑的心情，我来到学校，发现它建造在云层之中，仿佛海市蜃楼一般，神秘莫测，四周白茫茫一片，好像一个美丽的童话世界。这里的桌子是用万能的电脑荧光屏制作的，是专门供给学生上课写作业用的。老师上课不用粉笔写字，而是用声音感应器来上课，只要老师大声地说出自己想写的话，黑板上就会自动显现出来。而学生写作业也不用动笔，戴上心灵感应器，就可以直接印在电脑本子上。老师批改作业更方便了，把本子放在全自动的办公桌上，那些作业就一本一本地批阅好了。

为了节省占地面积，操场设在地下面。下课后，自动升降机会把你带入操场，那里四周都有发光板，在里面犹如白昼一样，不会影响学生运动、玩耍。绿茵茵的草坪上有跑道、篮球场、羽毛球场、网球场……同学们在那里自由活动。操场边上有文化墙。文化墙远看是一道长长的墙，走近一看上面全是液晶显示屏，有触摸式屏幕和键盘，想看什么就用手点一下，查资料就用手输入关键字、词，马上就找到了。

放学后，我急急忙忙回到家，刚想倒杯水，妈妈就赶在我前面倒上了递给我，刚想拿着书包回到房间，妈妈就帮我拿了进去……之后，我想做什么妈妈都知道，最后我才发现，原来妈妈有个透视仪，可以扫描我大脑信息。

我被这一切吓坏了，突然从梦中惊醒，才发现这一切都是梦……

鸡蛋与卵石

杨必胜

一块酷似鸡蛋的卵石躺在青幽幽的河滩上。一个调皮的小男孩儿把它捡回家。

卵石开始是放在抽屉的最下层。一天，小男孩儿好奇地发现，卵石竟然和鸡蛋一模一样。他决定把它和鸡蛋放在一起。

妈妈一眼就看出这是一块石头，拿了起来扔到了屋子的拐角处。从此，卵石默默地待在角落，没人来问它。可是，鸡蛋天天都有人来看看、来数数。卵石发现鸡蛋很受人喜爱，便想："我哪点比不上鸡蛋？论光滑、洁白，我一点儿也不比它们差。为什么我得不到人们的喜爱呢？"不久，卵石终于发现，鸡蛋能孵出小鸡。它就在想："我长得和鸡蛋一模一样，我也要孵出小鸡来。那时，人们也会喜欢我的。"

于是，趁小男孩儿和卵石玩耍的时候，卵石便滚到母鸡的肚子下面，和许多鸡蛋挤在一起。卵石咬着牙，安静地待在母鸡的肚子下面。母鸡每天都要用脚翻动着鸡蛋。唉，真难受，滚来滚去的，太吵人了。但为了能孵出小鸡来，它还是忍住了这一切的烦恼。过了些日子，一只只小鸡破壳而出了，卵石却仍孵不出小鸡来。它想："我和鸡蛋是没有区别的，一定是母鸡肚子的温度不够。"

于是，它鼓足勇气跳进了火里。不一会儿，它被烧得难受异常，急得大叫起来。水滴连忙奔过来降温，扑在它身上。只听"啪"的一声，那个洁白、光滑、外形酷似鸡蛋的卵石，已经裂成碎块。

猪八戒学电脑

林忽忽

唐僧师徒四人从西天取经回来后，个个都列入仙班，过起了逍遥自在的神仙生活。天庭有一个规定，那就是每天早上都要早朝。这条规定对于懒惰的猪八戒来说是个难题，谁都知道，八戒是个贪吃嗜睡的家伙。

一日，猪八戒与床斗争了半晌后来到灵霄宝殿，谁知偌大的灵霄宝殿却空无一人，他觉得好奇怪，就驾着云朵来到太上老君的府上。他看到太上老君正在一块板子上敲击着什么东西，便好奇地问："哎，老君，你在干什么？那是什么玩意儿？"

"你连这个都不知道？真土！这是电脑，我正在发微信呢！现在我们神仙之间都靠它来聊天。玉皇大帝要开会，就在上面发个通知，可方便了！"

"哪儿来的，我怎么没听人说过呢？"

"这个啊，都归功于你的大师兄孙悟空，是他从人类那里学来的。他在花果山还办了一个电脑学习班呢！玉皇大帝和王母娘娘都报名了！昨天早朝说这件事时，你啊，一定又睡着了！"

有这样一种声音

八戒听了，心想："我要是学会这玩意儿，就不用来早朝了，每天躺在被窝里边吃边上网，哈哈，那可真是太好了！"

于是，八戒来到花果山。

"哇！所有神仙都来了！"八戒看到悟空忙喊，"猴哥，我也来学电脑啦！"

"你这呆子也来了！稀客，稀客呀！"

"该死的弼马温，又讽刺我，小心我去法院告你！"

"哎，生气了？消消气，你先找个地方坐下。每天早上8点到11点半，我保证，你一个星期后就是电脑高手了！"

"真的？"

"骗你不是人！"

"你本来就不是人，你是猴，还是一个猴子精，哈哈……"

"好你个呆子，看我不收拾你，找打！"

第二天，八戒起了个大早，喝了一碗汤，吃了五笼包子，便早早来到学习班。一开始，悟空叫他熟悉键盘，并不断地练习。八戒感到没劲，再加上早上没吃饱，还没到下课时间，就溜回家了。

第三天，八戒迟到了两个小时。

第四天，八戒索性不去了！

不久，其他神仙都学会了电脑，只有八戒每天早上睡眼蒙眬地驾着云朵去早朝，经常打搅玉皇大帝上网，为此挨了不少骂！

唉，都是懒惰惹的祸。

星　际　游

何　平

　　飘进椭圆形的客舱，按照语音提示我找了个位子坐了下来，系好安全带。面前屏幕上移动的景物告诉我飞船起飞了。

　　飞船在茫茫太空飘移着。

　　"砰"的一声，飞船晃动了起来，红色报警灯闪烁不停。大家都紧张起来，一名乘务员迅速来到我们面前说："呵呵，让大家受惊了。刚才是一个不明飞行物向我们发射了一枚火雷弹，我们及时启用了防御保护，一切平安！"

　　"月球到了，请到月球的朋友做好准备。"语音提示响了。

　　我们的第一个着陆点是月球，着陆后，我们下去一看，上面有许多环形的山，奇怪是，月球都被一个巨大的玻璃罩笼罩着，自动输氧器不停地向里面输着氧气。现在这里开发成一个"避暑山庄"，还建了座现代"广寒宫"，里面住进了许多"嫦娥仙子"，我买了盒月饼，就回飞船了。

　　飞船又微微地颤动了一下，降落在火星上，它与太阳的平均距离是22784公里，公转周期为687日，自转一圈24小时37分。火星和地球一样有四季，但每季长达六个月。踏上火星的地面，远远望去，宛如一团燃烧的火，但是并不觉得炎热。可不？现在这里到处都是高楼大厦，人来人往，可热闹呢！

　　回到飞船，下一站是金星。有趣的是金星是由东向西转的，站在金星上，看到的是太阳从西边升起来，又从东边落下去，现在这里也成了旅游区，每日游客络绎不绝，热闹非凡。

　　飞船的下一个目标——天王星，这颗行星距太阳有290000万公里。它很大，约是地球的65倍，从望远镜看，它是一颗蓝绿色的星球。由于它离地球实在太远了，尚未开发，飞船带着我们绕着它飞了一圈就走了。后来我们又去了冥王星、海王星、水星、木星，还有一个有着美丽光环的土星，游览了太阳系中的八大行星之后，我们飞回了地球。

塑料袋见闻

张西城

　　听说我——塑料袋的发明是上一个世纪人类的杰作呢！

　　这不，人类的生活哪一样离开我？过去上街提的是竹篮，现在是塑料袋了。瞧，几个小朋友刚一坐下，面前摆出的都是花花绿绿的塑料袋，随便一撕——花生米、巧克力、糖块点心等大把大把地往嘴里送，他们是又吼又叫，果皮乱扔，弄得我喘不过气来。

　　"走了！"不知道是谁吆喝了一声，我被大伙儿随便地一甩，几十双脚在我身上不停地践踏，害得我苦不堪言。过了一会儿，有人拿着扫帚把我赶到了马路上，后来，只听到"呜"的一声，我昏了过去，也不知道被赶到了什么地方。

原来是环保人士来了，他们把我收进了袋子里，他们还说："加油干，消灭垃圾，美丽城市！"

后来，我随着什么垃圾分类车来到了山城重庆。

咦？过去的大烟囱怎么没有了？楼漂亮了，绿树多了，草坪多了，就连楼顶都建成了花园。大街上，来来往往的汽车不见冒烟了。长江里，水清澈见底，鱼虾成群结队……

我简直不相信自己的眼睛：太美了！突然一阵风来，我趁其不备，冲出了袋子，赶紧召唤风姐姐施展魔力，带我回到北京看看。

一路上，沙漠没了。过去的"黄土高坡"变成了森林和草原，黄河里清凌凌的河水哗哗地流着，各种珍稀动物活蹦乱跳，整个华夏神州一片鸟语花香，仿佛仙境一般。

那是什么？"北京欢迎你"的大横幅格外醒目，莫非这就是北京？蓝蓝的天、绿绿的树、甜丝丝的空气，对，是北京。那不是鸟巢、水立方吗？啊，太美了，我要好好看看。我正要发力飞行，"吱"的一声，我还没想是怎么回事就被吸走了。我知道，这回我是跑不了啦……

春 节 感 言

吴 萍

闹钟响了，我懒洋洋地、极不情愿地抓起闹钟，睁开惺忪的眼睛，瞥了一眼："你有劲儿就叫吧，今天是春节！你管不了我呢！"
随即又把头蒙进暖暖的被窝。

啊，每年从年头到年尾盼的就是今天：盼的就是那种家人一起团
聚的温馨，盼的就是那种拿到压岁钱后的窃喜，盼的就是那种放鞭炮
的刺激……

除夕的晚上，一家人围着圆圆的大桌子。桌子上是那么多好看好
吃的饭菜。席间，杯盘相碰，笑声阵阵，空气中飘着酒菜的香味和那
浓浓的亲情。这边的酒席兴味正浓，那边的春晚大幕已经拉开，屋外
不绝于耳的爆竹声和连绵不断的烟花又在一个劲儿地催着新年的脚步
朝我们走来……

所有这一切的甜蜜美好，此时此刻，它们又全部涌在我幸福的胸
口和暖暖的被窝里。赖在被窝里如同春天在抱着我呢！此时此刻，我
真真地感到：过年了，我又长了一岁了，一切都是新的啊！

当闹钟再一次响起来的时候，我决定起床，不然老妈可要掀被子
哟……

走出房门，看见忙碌的老妈，我立即送上一句"新年好"。老
妈笑盈盈地应了一声。转身时，我突地发现，她那黑发里竟然有了银
丝。——老妈什么时候老了啊？

就在这一刹那，刚才的兴奋劲儿少了许多。在对着镜子梳洗的时
候，我指着镜中的人儿在心里说：新年，别惹老妈生气……

王子的大头爸爸（一）

苏 克

没有人知道现在站在MP4售货架旁的王子在想什么，他一动不动，眼睛直勾勾地盯着MP4，伸出手，却止在了半空，再慢慢握成拳。突然他呼出一口气，好像是呼出了许多复杂的东西，然后紧皱的眉头慢慢松开，手臂自由地垂下，转身、离开……

王子，是他的名。人如其名，像从童话里走出的王子，阳光、帅气，成绩更是一流。"可惜啊，是个落魄的王子哟！"耳边又响起校长儿子的嘲讽。他用力甩头，加快步伐回家。

"咔——"门开了。"回来啦！"妈妈迎上来，微笑着。

"嗯。"王子应了声，便回房了。

儿子最近几乎都是这样，妈妈眼里布满了担忧和心疼。丈夫得病，家境日渐衰落，儿子从小懂事，不让她担心。

房里，闻着空气中浓浓的中药味，王子越来越烦。他好想有一个MP4，可是那么高的价格让他望而止步。自从爸爸重金属中毒，头越长越大，医不好，只能在家养着，家境也越来越差。今天，校长的儿子当着全班人的面，嘲笑他连一个MP4也买不起……

说他虚荣心作祟也好，说他受不了窝囊气也罢，他当时真的觉得好自卑，他突然觉得自己拥有的美好似乎是为了衬托他的穷。从小的懂事其实只是在克制他的欲望。那一刻，他好想放纵自己一次，就一次。

可是，他不能，准确地说，是不可以。

王子的大头爸爸（二）

苏 克

这天晚上，妈妈在喂爸爸吃饭，王子头一次觉得那画面无比刺眼。第一次，他冲他们发火，将心中的全部发泄出来。妈妈在一旁怔怔地落泪，爸爸一句话也不说。不知道是不是气的，爸爸的头似乎更大了，没有一根头发，锃亮锃亮的，还反射着灯光。王子不敢看父亲的头，似乎他能看到自己狼狈的样子。

妈妈对王子说："你也别怪爸爸了，其实他一直觉得自己对不起这个家，尤其对不起你。你知道你爸爸这头是怎么大的吗？你小时候看见别人家有一块特别好看的金属玩意，就吵着要，但就是买不到，所以你爸出差的时候就给你寻了块，可谁知道是重金属……"说完，妈妈已是泣不成声，王子也怔住了。

妈妈从兜里掏出一个小盒子，"这是前几天你爸托我买的，他说你一定喜欢。"打开盒子，里面静静躺着的，是他期盼已久的MP4。原来他前几天不经意地哼歌，父亲注意到了……

王子摸了摸MP4，把它收好。

父亲节那天，王子买了许多菜，还买了一块蛋糕。在揭开蛋糕盒的一刹那，一行"祝大头爸爸身体健康，节日快乐！"的小字映入眼帘，是王子的笔迹。

"你哪儿来的钱？"爸爸忽然想起了什么，"你把MP4退了？"

"嗯，退了。"

"何必，那MP4挺好的！"爸爸虽然高兴却也惋惜。

"没关系，我有你这个大头爸爸就够了。"

"好，好……"爸爸没有说话，再看，有晶莹的东西在爸爸的眼中闪烁。

自从你当了我的老师

龙喜克

143

期中考试我又"荣居"倒数第一，拉了全班的后腿，被班主任痛骂了一顿后，我独自一人回家。

班主任曾"善意"地劝我去医院检查智商，看是否能给弄个证明什么的；语文老师、数学老师、英语老师以及所有"不幸"教过我的老师都把我誉为"自出世以来未见过的最愚蠢的男生"。每次开家长会，爸爸总是灰头灰脑地回来——只有我让他丢脸。

我现在不敢回家，我知道这份成绩单除了换来爸爸的一顿痛打和妈妈的几滴眼泪外再不会有任何的收效。爸爸妈妈对我已不抱有任何希望了，他们肯定怀疑这个白养了十一年的家伙是不是他们爱情的结晶。

回家吧，一切都是预料中的。

过了一些时候，原来的班主任"跳槽"了，换了一位年轻漂亮的女老师。任何老师对我来说都一样，我想。

没想到几天后的自习课上，我竟引起了她的注意，第一次受到了表扬。那天，我正在看我的造句本。

"'阳光很活泼。'真好，多有灵气呀！"我吓了一跳——那是被原来的班主任骂得一塌糊涂的烂句子，她竟这样评价这个"烂"句子，我真有点儿受宠若惊了。接着她拿起我的本子讲起了造句，我的每个曾被批得一无是处的句子都被她说成"见解独到""富有灵气"。

144

从这以后，我的学习积极性被调动起来了，成绩一路攀升，冲到了优秀生之列。我记得老师对我说过："苏克，你绝对比别人聪明。我观察过你，你手很巧，能在三十秒内叠出一架造型复杂、惟妙惟肖的飞机；你记忆力不错，一首歌听两遍就能哼出大概来；对足球更是如数家珍。听我说，我完全不认可你原来班主任对你的评价。你要肯好好用功，一定比别人优秀。"老天，我都不知道我还有这么多优点呢！

多谢你了，老师，自从你当了我的老师，希望的种子开始在我的心中发芽，你帮我发现我自己，使我开始懂得追求和向往。我终于明白：我，苏克，一个和世界杯上光芒四射的克罗地亚前锋同名的男生，绝不会是个笨蛋。

谢谢老师！

文　竹

吴　坚

　　"青青，我给你一件你最喜欢的东西。"爸爸笑呵呵地告诉我。

　　"什么？——文竹？！"我欢喜得跳了起来，"好爸爸，快给我！"要知道，亲手种文竹，这早就是我梦寐以求的事了。今天竟能如愿以偿，能不高兴吗？

　　可是，爸爸把文竹递给我的时候，我却傻眼了：一厘米长的茎上，两片叶子耷拉着脑袋，其中一片已经枯黄。这是美丽的文竹吗？我的心凉了半截。忽然，我的眼里闪过一点儿绿色，啊，那是一棵刚刚破土的小芽。可爱的嫩绿色，使我产生了一线希望。我急忙给它洒上水，小心翼翼，仿佛注入我的希望一般。

　　从此，我天天给它浇水，一天要看上好几回，真想一眨眼小芽就蹿得老高。也许是我的"诚心"感动了它，几天后它又冒出了一粒新芽。我高兴得又跳又蹦。

　　然而不久，第一个小芽不知怎么的枯萎死了。泪水在我的眼眶里打着转，我好伤心哟。

　　"你要摸透它的脾气呀。"爸爸的话使我眼睛一亮，对，查书！我急忙翻书架，总算在角落里寻到了一本关于栽培花卉的书。"文竹喜欢土，喜阴湿，但怕涝，不能暴晒……"我默默记下了。

有这样一种声音

打这以后，我就按照书上的介绍悉心照料文竹。我弄来黄沙拌进泥土，把文竹放在阴凉处，每天适当洒一点儿水，并且每天观察它的长势。

文竹终于长大了，茎长高了，叶子长多了，小芽一个接一个地冒出来了。我心里乐滋滋的，嘴里哼着歌，走路连蹦带跳，做作业时也要抬起头来美美地看它几眼。多么美丽的文竹啊！竹的茎，松的叶，潇洒俊逸，文静高雅，充满了无限的生机，无限希望。

望着体态轻盈、清雅娴静的文竹，我不禁想，文竹啊文竹，是你给我带来了欢乐。啊，我明白了，那是栽种文竹时的辛勤劳动给我带来的无限欢乐啊！这正如老舍先生说的那样，有喜有忧，是养花的乐趣，是劳动的乐趣。

下　雪

施工平

啊，好凉啊——

我猛吸了一口冷气，原来是一粒雪子掉在了我的脖领里。抬头四望，我倒想了起了故事中咏雪的名句："撒盐空中差可拟。"此时此刻，这样的比喻真是生动形象，瞧吧，无数颗米粒大小的雪子纷纷落下，打在屋顶上，"沙沙"地演奏着冬天交响曲；打在树枝上，调皮地翻了个跟头；落在了地上，高兴地蹦来跳去，顷刻不见了。

我知道，这是雪花的"引子"，正是蹦蹦跳跳的雪子引来漫天大雪的。

果不其然，不一会儿，雪花来了。一片片鹅毛，纷纷扬扬，飘飘悠悠，从天而降，宛若一群穿着白纱裙的小仙女，牵着那轻柔洁白的舞裙。大地、天空成了白茫茫的一片。

雪花，你是春的使者。我情不自禁地伸出双手，接住几片洁白美丽的雪花。多么可爱的雪花呀！晶莹剔透的六角形花瓣，可惜落在我的手心转眼就不见了。

雪花在空中嬉戏着、飞舞着，山戴起了白帽子，树开出了梨花，大地铺上了白色的地毯。

啊，"忽如一夜春风来，千树万树梨花开"，这才是雪景的真实写照！

过了一会儿，雪花累了。雪渐渐地小了，空中零星地飘着几朵绒毛似的雪花。我张开嘴，想含住一片雪花，它们落在我的舌头上，留下清凉后消失得无踪无影。

雪停了。一个粉妆玉砌的世界呈现在我的眼前，美丽、洁净，这是我唯一的感受。

147

诚　　实

雷　婷

雪花狂飞乱舞，好像在向人们显示它铺天盖地的巨大威力。它覆盖了一切污垢，显示出浮华的一面。

一天，诚诚和小伙伴在胡同里玩雪。他团了一个雪球，向墙壁上投去。"噗"的一声，雪球开了花。他抬头一看，正打到自家电表盒的下面。

诚诚目不转睛地盯着电表，"电表不转了！"他不停地喊着，冲进了家门。

"瞎叫什么！"父亲边说边用电炉子烤着手。

"电表被我用雪球打坏了，不转了！"

"电表结实着呢，你用雪球怎么能打坏？它早就不转了。"父亲不以为意地说道。

诚诚拍着落有雪花的脑袋，觉得有点儿奇怪。

正在他迷惑不解的时候，有人敲门，诚诚蹦蹦跳跳地去开门，来者是电工王叔叔。

父亲忙迎上去："哟，小王来了，查表吧，我家电表刚坏，正要找你来修呢。看，孩子们用雪球打的……"

"爸爸，你不是说……"诚诚刚要开口，父亲瞪了他一眼："一边玩去！"

诚诚很委屈，他噘着小嘴，一步一步地走出了家门。

"诚诚，看，雪人漂亮吗？"小伙伴们高兴地问道。

"丑死了！"他一脚就把雪人踢散了架。

小伙伴们立刻攒出雪球，像连珠炮一样砸向诚诚。突然，一个大雪球飞越了墙头，冲向了诚诚家的玻璃。"砰——"诚诚家的玻璃碎了。

诚诚吓得立刻跑到父亲跟前，神情紧张，不停地摆着手。"不是我，不是我，是他们……"诚诚指着墙头外边。

"小小年纪就这样不诚实，不是好孩子。""啪！"一个大巴掌拍到了他的屁股上。

诚诚大哭，委屈的泪水透过指缝落在雪球上，与地上的污秽混合在一起……

多梦的我

左 辉

我天生就是一位梦想家，整天在做白日梦。母亲说，我以后也许是个冒险家！

冒险家？我可没想那么多呢！但，做梦真的是我的爱好哟！

幼儿园的时候，老师们经常给我们讲警察抓小偷的故事。在那个时候，警察叔叔就是我们小朋友心中最伟大的英雄。走在街道上，看见那威风凛凛的警察，我就在想，总有一天，我也做一名主持公义的好警察。于是，那时的我就做起了当警察的梦。

上小学了，我成了名小学生。老师们很少再给我们讲警察抓小偷的故事，代之的是科学家在科研的道路上奋斗的故事，比如居里夫人是怎样发现了镭，霍金的科学著作《时间简史——从大爆炸到黑洞》等等。他们都给我们树立起榜样，这时，我又在想，原来这对人类的巨大贡献是这些科学家做的啊！这不，我又做起了成为科学家的梦。

现在，我马上就是中学生了。我又会做什么梦呢？我不停地在大脑里搜寻着。噢，对了！我现在的梦是：当一名比刘洋还要优秀的宇航员，坐在神舟飞船的驾驶舱里，和飞船一起飞向神秘的太空。看看我们的祖国，看看我们的地球，和那月亮握握手，摘下五颗星星，把它们放在五星红旗上，使我们的国旗更加耀眼。

当然了，我还有一个梦，让我们的家乡，让我们的祖国，山更绿，水更清，天更蓝，空气更甜。

啊，我就是一个如此多梦的家伙，我知道，梦再美，只有靠力量、智慧才能实现的。

给诸葛亮的一封信

崔磊子

街亭失守后，阁下您竟把所有的责任都囊到自己头上，且自贬三级。我以为实在是愚蠢也。先生既为"中华智星"，又有"鬼神不测之机"，应该想到：您这不是在自毁前程吗？

其一，街亭失守，这是马谡的大过。您忘了，交战之前，您运筹帷幄——吩咐。只是马谡不听您的指示，轻举妄动失了街亭。此时此刻，您完全可以"舍车保帅"，将所有责任一股脑儿推到他马谡的头上。您大不了担个领导责任，写封检查，做做样子就行了呗。那皇帝小儿对您还有什么法子？

其二，街亭是弄丢了，但您保全军民功劳大大的啊！您当时是临危不乱，指挥若定：疑兵扰敌，伏兵断后，而且还巧妙地收顺了姜维，那么多的粮草辎重毫发未损，这需要多少银子啊！更为叫绝的是，一计空城，退了十五万大军？这是千古美谈哟！您怎么钻起牛角尖，专门看阴暗面呢！

其三，您得一分为二地看问题啊！失败是成功之母，街亭失守无非是交了点儿学费，为以后的战斗提供经验嘛！您啊，完全可以让人写点儿长篇的，细细分析空城计的科学价值，让各大主流媒体宣传。还可以展开大讨论：街亭失守，谁之过？为以后统一思想，服从决策做充分的思想准备。您一定要抓住舆论宣传这个工具啊！

　　唉，您啊，深谙行军打仗的道理，却为官弄术差矣！

"鼓励"自传

张意美

　　大家好，我叫"鼓励"，是大家的老朋友了。我们历史源远流长，从夏王朝到21世纪的今天，哪个成功者的身上不闪耀着我的熠熠光辉？什么，老王卖瓜自卖自夸？我可不是信口开河，怎么，要证人，是吧？

　　瞧，那个身披铠甲的将军：丹凤眼，卧蚕眉，面如红枣，唇如涂脂，手拿青龙偃月刀，对了，就是关羽。"关大哥。"我双手作揖，"我是鼓励，您说我的作用大吗？""大，大得很。想当年，我南征北战之前只是无名小卒，成天忧心忡忡，壮志难酬。多亏结发弟兄们的鼓励方才矢志不渝，最终扬名天下。我可要好好感谢你哟！""不客气，告辞了！"怎么样，我没自吹吧！

　　什么，这是个案？好，再找一个。

　　看，那个头发乱糟糟的、正在吹着肥皂泡的老头儿，对，他叫牛顿。问问他吧！"哈啰，牛大学士，我是鼓励，您说我对您有影响吗？""有啊，那是相当有的。我小学考试是经常不及格，但父母始终鼓励我，令我自信不灭，最终研究出了力学三大定律。现在，我正在研究光学，许多人看我这样子很傻，要不是亲朋好友的鼓励，我怎能坚持到现在呢？""是吗，不打扰了，拜拜！"

这回该是心悦诚服了吧！

我的作用很大，跌倒时扶你一把，迷茫时指点你一下；我的出现又很平常，一声表扬，一次掌声，一句喝彩，一朵微笑，一个点头……只要你用心，就会感受到我的。

怎么样，交个朋友，如何？

留　下

成华品

大地妈妈在我出生的第一天，就命令我去寻找幸福。幸福是什么？幸福贵重吗？也不知道好不好找？我怀着忐忑不安的心情开始了漫长的旅程。

我没想到我的第一站便那么可怕。那里没有留下任何建筑物，甚至半根草屑也没有，漫天黄沙，狂风卷起我的兄弟姐妹们是铺天盖地，没水干渴，即便有风也是无半点儿凉意。

我终于找到一个有人烟的地方，可那里的人们正拼命地外逃："快走吧，沙尘暴来了！"顷刻之间，这里成了我们兄弟姐妹的家：黄沙千里，寸草不生……

幸存的几户人家，个个面带愁容，他们别说温饱，就是喝水都成了天大的难题。他们还有幸福吗？我无奈地走了，继续寻找幸福。我在想，幸福，至少要在一个山清水秀的地方才会有吧！

　　我带着忧伤，来到遍地是油的伊拉克。听妈妈说，这里很富有。我想，富有的地方一定很幸福。我刚拨开云雾，大吃一惊：目之所及是一片战争之后的废墟，恐怖事件层出不穷，爆炸杀戮随时可见；被战火烤焦的人们，竟又在进行战争的准备。

　　这是妈妈说的富有之乡吗？幸福是不可能久居这里的。

　　我沮丧极了，我不知道哪里还有幸福。突然，妈妈的声音在耳边响起："回家吧，到中国去。"对，我终于回到了一个崭新的世界：一大片一大片美丽的森林无边无际，滔滔不绝的大河奔腾不息。大地上，每个人的脸上都写满了笑意。到处是欢快的人群，到处是和谐的画面……啊，我找到了，幸福就在这里，我就在此留下！

153

美丽的接触

曹哥更

　　这是一个没有星光的夜晚，茫茫原野上，有一朵昙花就要开放了。像是即将分娩的母亲，昙花忍受着开放的痛苦。

　　她想到自己白天不能开放，想到自己的生命是那样短暂，内心涌起一种莫名的悲哀，她渴望找到知己，正是因为生命短暂，美丽也短暂，更应受到人们的珍惜。在七彩阳光下傲然绽放，在众人期待的目光中灿然吐蕾，也是她无限向往的。

今夜，没有一丝光亮，没有一点儿声响，天地万物，仿佛都不得被夜幕包容了。昙花如同置身于一孤岛之上，有一种被遗弃的感觉。

昙花意识到，临近开放的时间越来越近了，她内心涌起的失落感也越来越重。她的美丽，将没有任何人知晓。她悄悄地生，又悄悄地死。

尽管现实如此冷酷，昙花依然没有绝望，内心不乏美丽的憧憬。如果原野是舞台，舞台之下，是人头攒动的观众，当大幕拉开，灯光闪亮的时候，昙花将像孔雀开屏那样，尽情地展示自己的美丽。尽管花期美丽，生命短暂，她也无怨无悔，微笑着谢幕，幸福地凋零。

其实，在昙花的旁边，站着一个小男孩儿。他是一个失明的孩子。他生活在黑暗的世界里，光明对他失去了意义。原野上的黑夜，没有使他感到丝毫的惧怕。因为白天和黑夜，对他来说都是一样的。

花朵的颜色，花朵的美丽，小男孩儿无法看到，但他有一个热切而执着的希望，就是用手去接触一下花朵，接触一下美丽。他相信自己的感觉。

他伸出双手，可是，他没有接触到鲜花，哪怕只是一朵。他的双手，被荆棘划了一道又一道的血痕。

又一次，小男孩儿伸出了双手。这回，他接触到了昙花。

同时，昙花也感觉到，有一双温暖的小手在触摸自己。她不由自主地发出激动的战栗，一股幸福的暖流顿时涌遍全身。她总算找到了一个知己。她的美丽不再是一种痛苦。

昙花竭尽全力地开放着，原野上仿佛能听到花开的声音。她要把自己的全部美丽的过程，通过小男孩儿的手，脉脉地传递给他。

小男孩儿的嘴角，露出一丝会心的微笑，像一道闪电，划亮了漆黑的原野。

都是橡皮泥惹的祸

路　鹏

　　马拉松大赛即将开始，溜溜坐在选手准备室里生气地嘟囔："为什么没有同学报名我这个班长就必须硬着头皮上？什么'千里之行始于足下'，这么远的距离，我怎么可能坚持下来！"

　　"哈哈，班长大人，你也有愁眉苦脸的时候啊！"球球忽然跑了过来，"别担心，这是我老爸最新发明的'飞奔橡皮泥'，只要你吃一块，就能跑得飞快，而且不会觉得累哦！"说着，球球拿出一盒五彩橡皮泥。

　　"我才不作弊呢！"溜溜固执地说。

　　"这可关系到咱们班的集体荣誉，就算不拿名次，你至少也要坚持跑完全程呀！"球球拿出一块红色的橡皮泥塞给溜溜。溜溜没办法，只好把橡皮泥放进嘴里。

　　"真恶心！"橡皮泥的味道很糟，溜溜差点儿把它吐出来。

　　"没办法，谁知道老爸为什么把它做成橡皮泥呢！"球球说。

　　比赛开始了，赛场上人声鼎沸。原来是飞人刘翔竟被请来领跑，每位参赛选手都能得到刘翔的签名T恤一件，还可以和刘翔合影！溜溜可是刘翔的铁杆"粉丝"，他高兴地围着刘翔转来转去，一口一个"大哥哥"，叫得真亲热。

"啪！"发令枪响了，溜溜箭一般地冲了出去，连刘翔都被他甩在了后面！

"天啊，溜溜竟然这么厉害！"同学们惊呆了。

这时，球球老爸气喘吁吁地跑来了，一把揪住球球的耳朵说："臭小子，你是不是偷拿了我的橡皮泥？快还给我！"球球只好把橡皮泥交给老爸，说："红色的那块我已经给溜溜吃了。"

"什么？橡皮泥怎么能吃！这时外用的，内服会中毒，还有，千万不能喝水！"老爸是哭笑不得，"还不快去找溜溜！"球球吓坏了，这时也不敢猜测溜溜知道真相的后果了，忙借了辆自行车去追溜溜。

再说溜溜，他开始觉得身轻如燕，健步如飞，可喝了一瓶水后，便觉得双腿像灌了铅似的，越来越沉重。渐渐的，不仅双腿，连全身都仿佛灌了铅一般，沉重得直不起腰来。

球球骑车赶来，不禁大惊失色。原来，他看见溜溜竟然变成了一个大铅球，但仍在执着地向终点滚动。球球追上去抱起"铅球"哭了起来："班长，我对不起你啊，呜呜……"

好在球球老爸带来了万能解毒药，将溜溜变了回来。刘翔哥哥还关切地赶来探望溜溜呢。球球和溜溜惭愧地低下头："我们再也不投机取巧了，千里之行始于足下！"

不食鱼饵（一）

张　伟

生活中的诱惑太多，因为禁不住诱惑而造成的悲剧也太多了，避免这类悲剧的最好方式就是远离诱惑，越远越好。

——题记

炉子里的火烧得正旺，锅里的色拉油狂妄地响着，我躺在不远处的盘子里。此时的我已经无力气反抗，只是双眼盯着那油锅——我的坟墓。我嘴里仍叼着那只鱼饵。

可恶的鱼饵，该死的鱼饵，都是你把我送上黄泉之路。

回想几天前，我还是一条活蹦乱跳的小鱼，跟着爸爸妈妈和众多的兄弟姐妹生活在浅海里。那里的小虾米很多，它们便是我的食物。可是我们要吃到它们很是费劲，我轻轻地游到它身边，悄无声息，感觉就要得手时，猛然间它觉察了，闪电般地横冲直撞。我穷追不舍，好几次都差点儿逮住，却还是让它溜了。游了很长时间，它终于没了体力，减慢了速度，我便乘机扑了过去，一口把它吞下，喘几口气，再去寻找下一个食物……如此几番，我已气喘吁吁，筋疲力尽。

那时，我幻想着要是有一个食物，它不会逃跑，乖乖地被我吃掉，那该多好啊！

　　"不行！"妈妈听见了我的叹息，厉声说道，"要是有那么一个食物，你绝对不可以吃。它看上去很容易得到，但它的背后隐藏着一个巨大的阴谋。你一定要远离诱惑！"

　　妈妈的话也许是对的，因为我还没有找到那样的食物。

不食鱼饵（二）

张　伟

　　终于有一天，我盯上了一只蚯蚓，它上下摆动着身体，却始终不离原位。我冲过去，发现它仍不逃跑。这时，我停住了。"它不会就是妈妈说的那不会逃跑的食物吧？"妈妈的话我是听的。此时此刻，妈妈的话变得模糊起来，可我的眼睛却分外地亮了起来，似乎我是不用眼睛来瞧的，这蚯蚓，多肥实呀，多么令人垂涎欲滴！天啊，我的口水在我的喉咙里打着转，我再也受不了这巨大的诱惑了。说也奇怪，那只蚯蚓竟然在我的面前跳起了芭蕾，仿佛在对我说："来吧！吃我吧！"

　　我再也受不了，不再犹豫张开嘴巴冲了过去。"不要过去……"妈妈的声音在我的头顶炸响，我一怔，可是来不及了，我已将蚯蚓吞在嘴里。突然，我觉得自己咬住了什么硬东西，一股刺痛迅速从喉咙传遍全身。我的身子软了，接着，整个身体不听使唤地向上浮，上浮……我害怕了，昏厥了。

　　待我醒来，大海已不在我身边，取代它的是狭小的空间，我四处碰壁。后来，经过无数次的辗转，我躺在这只盘子上。我意识到，我将要死了。

我真后悔，没有听妈妈的话，被这不劳而获的鱼饵诱惑，结果赔了性命。

火烧得更旺了，油爆的声音更大了，突然一只大手从天而降，将我捏起，朝油锅的方向扔去。我大声喊："如果还有来世，我将远离诱惑，不食鱼饵！"

有这样一种声音

车 中

在一个花园的角落里长着几棵杂草。

在花园的正中央，精美的花盆里长着鲜艳的玫瑰、高贵的牡丹、清香的茉莉。小草只能仰望它们的美姿。

可是，小草并不在意。

有一天，艳美的玫瑰对小草说："小草，不如你长在我的花下吧！这样能够让你更显眼，更好看些。"小草温柔地说："没关系，我并不在意别人怎么看我，我有自己的根在角落里，而且我也很自由。"

有一天，牡丹可怜小草："小草，你那么平淡，不如我把花瓣的颜色分给你一些，让你因此好看些。"而小草自豪地说："牡丹姐姐，你很漂亮，但我不需要你的颜色，我拥有平凡的绿色，来衬托着大地，带来一片生机勃勃，我自己也喜欢这平凡的绿。"

有一天，茉莉对小草说："你太平凡了，小草，你需要我的清香吗？我可以给你，这样你满身香气，可以惹来一群群翩翩起舞的蝴蝶。"小草开心地说："谢谢茉莉姐姐，我不需要，我已有一片清香，这香不需要酝酿，也不需要飘散空中，因为它在我心里，有了这片绿香，我相信不管在哪里，我的根都会长着，永不停息。"

是的，有这样一种声音，你听见了吗？它甘于生长在一个角落里，甘于只有绿的颜色，甘于没有迷人的香气。它的要求很简单，只是本色的土壤、本色的根，外加心香一缕，每时每刻都在生长，把根伸进每个角落。

有这样一种声音，如此细小，却又如此强大。

爱 的 拼 图

李伟林

唉，患上了"老年痴呆症"的爷爷竟然认不得他熟悉的人了，但他只要看到我，就高兴得像个孩子。

想爷爷刚退休那会儿，身体虽然不好，但他总是一遍遍地、不厌其烦地教我认字，不断地翻新花样给我讲故事，还给我买了许多盒拼图，耐心地陪我玩。

也许是爷爷对拼图记忆深刻的缘故吧，他现在特别爱玩拼图。

于是，我就用自己的零花钱买了许多新款拼图，爷爷一看就像个孩子似的，高兴极了。瞧，他对拼图是爱不释手，一天中大部分的时间都在拼图，外出也要随身带着，真的成了一个"老小孩儿"。啊，爷爷，您能拼出这么多图，老天啊，我多希望能有一位医术高明的医生把您那破碎的记忆拼完整。

然而，爷爷的病还是一天比一天严重，常常忘记回家的路。妈妈说："我们把家里的地址和电话号码绣在衣服上吧，这样即使他迷了路，好心人也能把他送回家。"可爷爷倔强得很，任凭我们怎么哄他，他就是不穿那绣上字的衣服。

看着爸爸妈妈的无奈样子，我脑子里闪过一个念头：既然爷爷爱拼图，每天都随身带着，为何不把地址和电话号码写在拼图盒上呢？于是，趁爷爷睡觉的时候，我悄悄地进入他的房间，在他的拼图盒上写下了家中地址和电话号码。

此招儿真的有效，那天爷爷很晚都没回来，我们找了两个小时都没找到，只好先回家等等看。这时，只听一阵急促的敲门声，我赶紧开门："是爷爷？"只见他正站在门外，冲着我笑呢！我高兴极了，紧紧抱住他，好像怕他再走丢了似的。这时我才发现爷爷身旁站了个叔叔。原来，爷爷在岔路口上来回地走个不停，叔叔问他在干什么，他说不清，叔叔问他家住哪儿，他也说不清。无意间，叔叔看见拼图盒上的地址和电话号码，就把他送了回来。

看着面前爷爷，爸爸妈妈百感交集，一面向那位好心的叔叔道谢，一边夸我办法有用。可我觉得，虽然爷爷的记忆不再完整，但我们对他的爱是完整的，我们将帮他一起完成"爱的拼图"！

同桌恩仇录

齐　林

我和我的同桌刘洋，是形影不离的好朋友。

我们同桌已经两年了，我只要稍稍闭上眼睛，他的形象就浮现在我的脑海：中等身材，瘦弱的身躯，细细的手腕——用大拇指和食指就可以绕上一圈。他戴着一副近视眼镜，眼镜架在又高又直的鼻梁上。他平时很文静，像一个小女孩儿，不太爱说话，下课时喜欢一个人安静地坐在教室里。

下课了，我看见刘洋一个人呆呆地坐在教室里，就叫他一起去操场做运动或者玩游戏。我和他跑步、跳绳、捉迷藏……慢慢地，那个不爱说话的刘洋活泼起来了，能和大家融到一起了。

在音乐课上，我要求和刘洋上台唱歌。本来是两人合唱，但刘洋有点儿胆怯，不敢张嘴。于是整首歌基本都是由我独唱的。经过我一次次努力开导，刘洋终于放开喉咙在班上唱了一首歌，当时全班同学都给予了他最热烈的掌声。

刘洋也经常帮助我。他虽然和我一样，也有近视，但他写作业的时候胸背挺得笔直，端端正正地写。而我总是弯腰曲背，头都要快要贴在桌面上了。每当我写字的姿势不端正时，他都会用手轻轻拍拍我的背，友好地提醒我将背挺直，头抬高，还说咱们一定不能让近视再加深了。

记得在一节语文课上，老师让我们每一个人，发自内心地说出自己最喜欢的一位同学。轮到我和刘洋时，我们不约而同地说出了对方的名字。后来老师公布我和刘洋是班上最友好的同桌，同学们都羡慕极了。

虽然我们是很好的朋友，但有时也会有小矛盾发生。

有一次，我在写作业时，不小心碰了一下他的胳膊，他的笔尖顿时戳破纸张。我连忙向他说对不起，但他还是十分生气，甚至都不理我。我心想：我只不过是不小心碰了你一下，而且我还向你说了对不起，要这么小气吗？之后，他没有理我，我也不再理他。一天，两天、三天……到了第五天的时候，他来到我面前，郑重地说了一声："对不起！"我高兴地对他说："我就知道，我们的友谊这样深，怎么可能因为一点儿小矛盾，就彼此不相往来呢？"

刘洋，我的同桌，希望我们以后能牢牢记住我们今天的友谊，记住我们一起度过的这些美好时光。

考后日记

宋江春

随着铃声，我写完了最后一个句子的最后一个单词的最后一个字母的最后一个笔画。这时，老师开口了："停止答卷，快把卷子从后往前传。"我如释重负地把卷子传上去。

老师把收集好的卷子在桌子上摞了摞，又拍了拍，就提着卷子走了。

顿时，一阵喧嚣像洪水一样席卷了整个教室。我站了起来，伸了一个大大的懒腰，长长地吁了一口气，再也按捺不住早已憋不住的心，仰头大喊："亲爱的假日，我来——了！"

可惜我的呼啸淹没在大家的喧嚣声中，谁也没注意我的样子。

考后同学们所做的第一件事，自然是对答案。"哎，这题我做得对不对呀？""啊。完了，我考砸了！呜——""太好了！我全对！哈哈哈——"大家议论声此起彼伏。

定定神，我也决定了解一下自己的考试情况。随意地问过许多人，答案都一样。我心中一阵窃喜："嘻嘻嘻，我好像全对哟。啊，这阶段的学习生涯结束了，玩耍的日子该来了！"想到这里，我禁不住哈哈大笑起来。

"老宋，你妈带你去哪儿玩？看你笑得这么开心。"我的"死党"吴经胜捅了一下我的胳膊问道。

我装作神秘地回答："你想知道吗？我妈曰……"

"'你妈曰'是什么？"吴经胜不客气地打断了我的话。

"就是我妈妈说。"我不耐烦向他解释，"妈曰，如果我考好，即可走四方！"我的话一停，吴经胜朝我吐了吐舌头，做了一个鬼脸，就去干自己的事去了。

我大摇大摆地走出教室，一场"悲剧"瞬间映入眼帘。数学老师对着一个学生大吼："你为什么错了？"那家伙低着头，支支吾吾地说："我，我……"两条腿不停地哆嗦着，看来他是超级紧张啊！

我问了问旁边的同学，同学告诉我说："好像有一道题的单位没换算，扣了分。"天啊，他的话似乎点中了我死穴：我头开始有点儿蒙了，那个换算似乎我也没有做呢！难道我也是悲剧的实践者啊？想到这里，我吓得差点儿晕了，"啊，到手的一百分啊！我的'走四方’走不了了哟！”

一只蚂蚱让我多想一步

李卫平

暑假之前的期末考结束了——大红灯笼高高挂！老师“含情脉脉”的目光，父母“关怀备至”的眼神，同时伴着夏日的热浪向我袭来。只有我知道这次失利的原因：怎么在大考之前迷上了舞蹈呢？竟然语文考试的时候还在想一个手势、一个脚步！

此时，我在通往学校的小路上徘徊。偶一低头，道旁的草丛中几只蚂蚱在跳跃，出于好奇，我索性蹲下身子好好看看它们。

啊，原来是几只蚂蚱在比赛呢！它们在一个接一个地往上蹦，一只最大最壮的蚂蚱竟然蹦到了我手上，我翻手一捂，哈哈，抓住了！

我想把它带回家，谁知，它在拼命挣扎。我用力抓住它的两条腿。过了一会儿，它似乎被驯服了，一动不动的，似乎认命了。

我正要换手来抓它的腿，它突然向我发出最猛烈的攻击：我的手指刚松开，它奋力一跃，在我的手里留下一只断腿，振翅一飞冲向远方。望着远去的蚂蚱，我不禁心生感慨：这个小小的生灵，为了逃生，毅然舍弃自己的腿，这是何等非凡的勇气啊！

啊，从今以后，它依然可以靠自己的双翅和单腿生活，它仍然有自由，仍然可以幸福地活着！

这时，我猛然醒悟：一时的舍弃可以使自己得到更重要的东西！在下次的考试和爱好之间，我必须做出很好的选择，完成主要任务之后再来发展爱好特长。

谢谢你，蚂蚱，你让我多想了一步啊！

166